L'ÉDUCATION

L'ANGLAIS

MÉTHODE PRATIQUE

PERMETTANT D'APPRENDRE A LIRE ET A ÉCRIRE LA LANGUE ANGLAISE
MÊME SANS PROFESSEUR

PAR

J. FOUGERON
Professeur agrégé au Collège Rollin
Ancien professeur à *St John's Collegiate School*
Richmond, près de Londres.

PARIS
LIBRAIRIE DES PUBLICATIONS MODERNES
—
1891

L'ANGLAIS

PLAN DU COURS

Chaque leçon de notre cours comprendra plusieurs parties.

1° Un exercice de prononciation, dans lequel nous ferons entrer progressivement les principales règles.

2° Une liste des mots les plus usuels, groupés d'après le sens, avec une notation fort simple, qui permettra, au premier coup d'œil, de distinguer la syllabe accentuée, et de deviner la prononciation du mot tout entier.

3° Une page de grammaire, dans laquelle nous étudierons méthodiquement les diverses parties du discours, avec les règles dont la connaissance est indispensable.

4° Des exercices variés de traduction, thèmes et versions sur les mots usuels étudiés.

5° Un exercice spécial de conversation, par questions et par réponses.

6° Enfin, dans chaque leçon, nous introduirons quelques expressions commerciales si utiles à connaître pour un grand nombre de personnes.

Avant de commencer notre *cours*, d'après le plan que nous venons de tracer, nous croyons indispensable de donner quelques courtes notions sur la prononciation. Une étude complète serait, au début, trop aride et de nature à décourager les commençants. Nous nous bornerons, pour l'instant, aux règles les plus importantes et les plus générales. Elles permettront à l'élève attentif, d'apprendre en une leçon, la prononciation de plusieurs milliers de mots. Dans la suite, en tête de chaque leçon, nous étudierons successivement les règles diverses et les principales exceptions, de façon que cette partie si importante de la langue anglaise puisse être apprise progressivement, sans fatigue et sans ennui.

ALPHABET.

1. — L'alphabet anglais comprend les mêmes lettres que l'alphabet français. Il y en a 26 : 5 voyelles, 19 consonnes et deux lettres qui tiennent à la fois de la nature des voyelles et de celle des consonnes, et que nous appellerons *demi-voyelles*.

1° VOYELLES :

Majuscule	minuscule	Nom	Prononciation
A	a	*eé*	son long comme dans *fée*.
E	e	*i*	— *gîte*.
I	i	*aï*	comme la 1re syllabe de *aï*eul.
O	o	*ô*	son long comme dans *pôle*.
U	u	*iou*	— comme en français *iou*.

2° DEMI-VOYELLES

Y	y	*ouaï*	se prononce comme l'*i*.
W	w	*deubliou*	se prononce *ou* comme dans *ouest*.

Remarque : 1° L'*y* (*ouaï*), est considéré comme consonne au commencement des mots comme *year*, année, pron. *y'ieur*; *yard*, cour, pron. *yârd*, sans faire ronfler l'*r*. Dans les terminaisons, cette lettre tient lieu de l'*i*, comme *my*, mon, pron. *maï*.

2° Le *w* est considéré comme consonne au commencement d'un mot ou d'une syllabe, ex. : *west*, prononçez comme en français *ouest; war*, guerre, pron. *ouor'*.

Il est considéré comme voyelle dans le corps d'un mot, après une autre voyelle; ex.: *now*, maintenant, pron. *na'ou; new*, nouveau, pron. *niou*. Ce n'est, dans ce cas, qu'une seconde forme de l'*u* : il ne faut pas oublier d'ailleurs que cette lettre n'est pas un double *v*, comme en français, mais un double *u*; de là son nom de *double u*, qu'on prononce *deubliou*.

3° CONSONNES

2. — B b C c D d F f G g H h J j K k L l
Nom : *bi* *ci* *di* *eff* *dji* *ètch* *dgé* *ké* *ell*
M m N n P p Q q R r S s T t X x Z z.
emm *enn* *pi* *kiou* *arr* *ess* *ti* *ecs* *zedd.*

3. PRONONCIATION DES CONSONNES

B se prononce comme en français, excepté après *m* et avant *t* dans la même syllabe, où il est muet. Ex. : *Lamb*, agneau, pr. *lamm; limb*, membre, pr. *limm; debt*, dette, pr. *dett.*

C se prononce comme en français, sauf quelques exceptions que nous verrons plus tard.

Ch se prononce : 1° *tch*, ex. : *chair*, chaise, *tchair*. 2° se prononce *ch* dans les mots tirés du français, ex. : *machine*. 3° se prononce *k* dans les mots tirés du grec ou du latin ; ex. : *chorus*, chœur, *kôreuss ; anchor*, ancre, *an'keur*.

D se prononce comme en français, sauf quelques rares exceptions.

F le même son qu'en français, excepté dans le mot *of*, de, qui se prononce *ov;* mais dans les mots composés terminés par *of*, l'*f* reprend le son français : *whereof*, pr. *houèrèf*.

G a deux sons : le son dur de *g* dans le mot français, *gant*, et le son doux de *dj*.

1° Il a le son dur devant *a, o, u, g, l, r*, ainsi qu'à la fin des syllabes : ex. : *game*, jeu, *guê'me ; gone*, allé, *gonn' ; gull*, mouette, *gueull;* etc.

2° Il a le son doux *dj* devant *e* et *i*, dans les mots tirés du français, comme *danger*, *den'djeur; raging*, furieux, *rée'djingn*. Mais il a le son dur de *gh* dans les mots qui ne viennent pas du français, ex. : *get*, obtenir, *ghett; finger*, doigt, *fin'gueur; begin*, commencer, *béguinn'*, etc.

H est presque toujours aspirée en anglais; elle n'est muette que dans les mots *heir*, héritier, pr. *è-re ; honour*, honneur, pr. *on'eur; honest*, honnête, *on'est; herb*, herbe, *eurb'* ; *hospital*, hôpital, *os'pital; hour*, heure, *a'our; humour*, humeur, *iou'meur; humble*, pr. *eum'b'l;* ainsi que dans leurs dérivés. On remarquera que tous ces mots viennent du français.

J se prononce toujours comme *dj*, dans le mot français *adjudant*.

K est muet devant *n* dans la même syllabe; ex : *knee*, genou, *nî; knife*, couteau, *naï'fe*.

L même son qu'en français, sauf quelques exceptions où elle est muette.

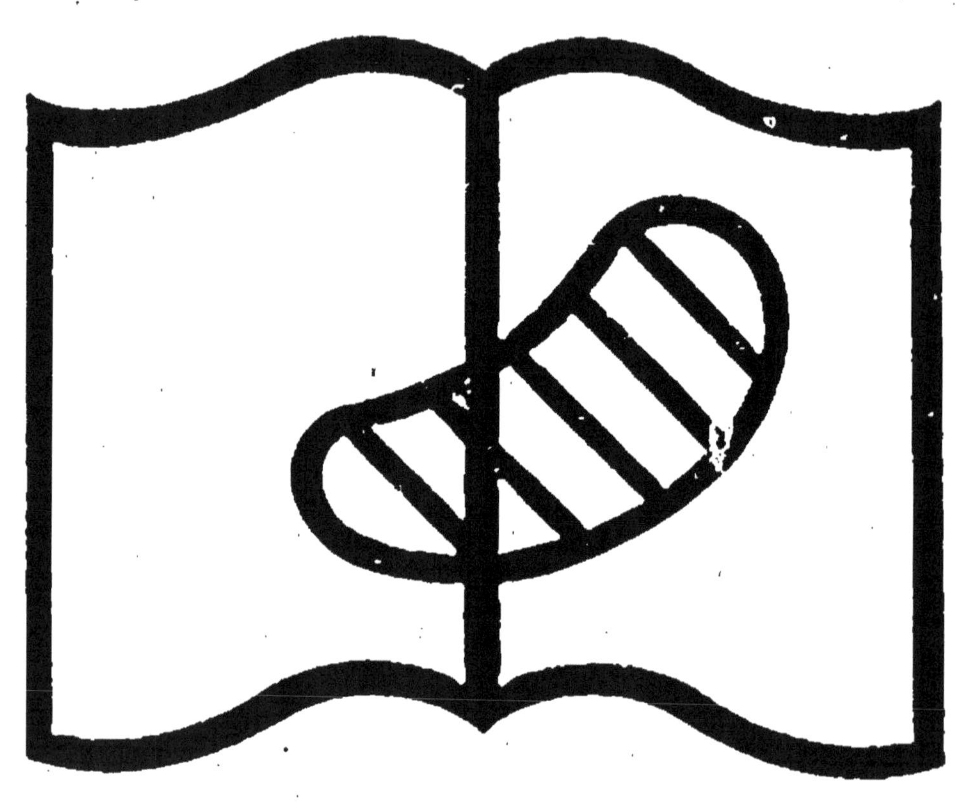

M même son qu'en français.
N même son qu'en français.
P même son qu'en français, sauf quelques rares exceptions.
R 1° n'a le son ronflant du français qu'au commencement des mots ou des syllabes, ex. : *ra'ge, rée'dje; spirit, spiritt;*
2° Cette lettre a un son sourd ou guttural quand elle est précédée d'une voyelle dans la même syllabe, ex. :

Sir, monsieur, pron. *seu'r,* sans faire ronfler l'*r*.
Bird, oiseau, pron. *beu'r'd* id.

Remarque. — Pour bien prononcer l'*r* dans le premier cas, il faut faire vibrer le bout de la langue contre le palais de la bouche comme dans le français, *rare, riverains.* Dans le second cas, la langue doit vibrer légèrement à sa racine, près de la gorge. Il faut alors se garder de faire *rouler* l'r comme les irlandais, ce qui produit un son dur qu'on appelle l'*accent irlandais ;* mais il faut aussi éviter le défaut commun à beaucoup d'anglais, qui ne le prononcent pas du tout, qui, par exemple, articulent le mot *garden,* jardin, comme s'il était écrit *gâ-den.* (1)

S a deux sons principaux, le son sifflant du mot français *sifflet,* et le son doux de *z*, entre deux voyelles.

A la fin des mots, *s* se prononce *z*, chaque fois qu'on le peut, c'est à-dire après toutes les consonnes, excepté les consonnes dures ou fortes, *f, k, p, t,* après lesquelles l'*s* ne pourrait pas prendre le son doux, ex. : *hats*, chapeaux, *hatt'ss; stops; racks.*

Nous reviendrons sur les nombreuses particularités de cette consonne.

T est muet dans les terminaisons *ten* et *tle*, s'il est précédé immédiatement de *f* ou de *s*; ex. : *often*, souvent, pr. *ô'fèn; castle*, château, *cas's'l.*

Th a deux sons : le son *dur* ou *fort*, et le son *doux* ou *faible*.

1° Pour prononcer le *th dur*, il faut appuyer le bout de la langue contre les dents supérieures, et chasser l'air en prononçant un *s* dur.

2° Pour prononcer le *th doux*, on procède de la même façon, mais au lieu d'une s, on prononce un z, un peu comme les personnes qui zézayent.

Le *th* est généralement dur au commencement des mots dans les substantifs, les adjectifs et les verbes; ex. : *a thing*, une chose ; *thick*, épais; *to think*, penser.

---

(1) Le romancier Thackeray, dans son livre des *Snobs*, tourne en ridicule un lieutenant-colonel prétentieux qui mangeait ses mots, traînait ses phrases, et laissait au commun des martyrs le soin de prononcer les *r*.

Il est doux dans presque tous les mots *conjonctifs*, c'est-à-dire tous ceux qui servent à unir les mots et les phrases, comme l'article défini *the*, les pronoms personnels *thou*, (*za'ou*), *they*, ils, elles, les adjectifs et pronoms démonstratifs, *this*, *that*, et les conjonctions *then*, alors, *though* (*zô*), quoique, etc.

Le *th* présente une petite difficulté pour les commençants, cette articulation n'existant pas en français; mais avec un peu d'application et en écoutant des personnes qui articulent bien, on l'aura vite surmontée.

V se prononce comme en français.

W qui n'est pas, comme nous l'avons déjà dit, un double *v*, mais un double *u*, et qui s'écrivait autrefois *uu*, se prononce *ou*, ex. : *wine*, vin, *ouaï'ne*.

X a trois sons : 1° le son de l'*x* français; 2° le son de gz, ex. : *exertions*, egz'eur'cheun; 3° le son de *kch*, ex. : *luxury*, leuk'cheuré.

Z se prononce généralement comme en français.

Remarque. — Les consonnes finales se prononcent; le son nasal des syllabes françaises, *an*, *in*, *on*, *un*, n'existe pas en anglais; ex. : *man*, homme, se prononce *mann'*; *in*, dans, se prononce *inn'*.

Nous avons commencé par expliquer la prononciation des consonnes; c'est qu'en réalité, elles ne présentent pas beaucoup de difficultés; elles se prononcent la plupart du temps comme en français. L'usage apprendra vite les exceptions.

Il n'en est pas de même des voyelles.

Les voyelles ont plusieurs sons, suivant la place qu'elles occupent dans le mot, et selon qu'elles sont accentuées ou non. Comme leur prononciation dépend surtout de l'*accent*, nous allons d'abord expliquer ce que l'on entend par ce mot.

DE L'ACCENT

4. L'*accent* ou *accent tonique*, est la force avec laquelle on prononce une syllabe pour la faire ressortir.

Cet accent n'est indiqué, en anglais, par aucun caractère, ni dans l'écriture, ni dans l'imprimerie; c'est seulement de la part de la personne qui parle, une intonation plus forte, destinée à frapper l'oreille et à attirer l'attention de celle qui écoute.

L'accent existe plus ou moins dans toutes les langues, mais il est bien plus marqué en anglais qu'en français.

En français, c'est généralement la dernière syllabe qui porte l'accent. Ex. : *maison'*, *cheval'*, *voiture'*. (L'e muet ne compte pas.)

Il n'en est pas de même en anglais, où l'accent dépend le plus souvent de l'origine du mot.

La langue anglaise, en effet, a puisé son vocabulaire à plusieurs sources entièrement différentes, l'une *germanique* ou *saxonne*, l'autre *latine-française*.

De là deux grandes lois distinctes dans la position de l'accent.

1° Dans les mots d'origine saxonne, l'accent porte en général sur la racine du mot :

MAN', homme, MAN'*ful*, mâle, courageux; MAN'*ly*, viril; MAN'*liness*, virilité; *to un*MAN', dépeupler; *un*MAN'*ly*, indigne d'un homme; *un*MAN'*liness*, manque de fermeté.

On voit d'après ces exemples que, dans les mots d'origine saxonne, les *préfixes* et les *suffixes*, c'est-à-dire les syllabes placées dans un mot *avant* ou *après* la racine, telles que *ful*, *ly*, *un*, ne reçoivent pas l'accent; les exceptions sont peu nombreuses.

2° Dans les mots d'origine latine ou française, l'accent occupe une place moins facile à déterminer. Ces mots ont ordinairement plusieurs syllabes, et l'accent dépend de la terminaison qui n'est presque jamais accentuée; il est reporté sur la pénultième ou l'antépénultième, et quelquefois même plus loin, vers le commencement du mot, quand ce dernier a quatre ou cinq syllabes, ex. : CIR'*cumstances*.

Nous en donnerons de nombreux exemples dans le cours de notre ouvrage.

5. — RÈGLES GÉNÉRALES. 1° Les substantifs et les adjectifs de deux syllabes sont le plus souvent accentués sur la PREMIÈRE syllabe, qui est ordinairement la syllabe racine. Ex. : GREAT'*ness*, grandeur: MAD'*ness*, folie; FA'*mous*, fameux; PLAY'*ful*, enjoué.

2° Les verbes, les adverbes et les prépositions de deux syllabes, ont ordinairement accentuées sur la SECONDE syllabe, la première étant qu'un *préfixe*. Ex. : *to ac*CEPT', accepter; *to con*CERT', concerter; *to con*DUCT', conduire; *per*HAPS, peut-être; *be*FORE, avant.

Remarque. — Outre l'accent tonique dont nous venons de parler, il existe encore dans les mots de quatre, cinq ou six syllabes, un autre accent plus faible, qu'on appelle accent *secondaire*, par opposition à l'accent *principal*. Il doit toujours y avoir au moins une syllabe entre ces deux accents; ex. : *op'portu'nity*, l'accent principal porte sur l'antépénultième tu', et l'accent secondaire sur op'. Il faut prononcer la syllabe *tu (tiou')* plus fortement que *op'*.

DE LA PRONONCIATION DES VOYELLES

6. — Maintenant que nous savons ce qu'est *l'accent tonique* en anglais, il nous sera plus facile de comprendre les lois qui régissent la prononciation des voyelles.

Le son des voyelles diffère, en effet, selon qu'elles font partie d'une syllabe accentuée ou non.

Quand elle font partie d'une syllabe accentuée, elles sont *longues*, si elles *terminent la syllabe;* elles sont *brèves* si elles *ne terminent pas* la syllabe, c'est-à-dire, si elles sont suivies dans la même syllabe d'une ou de plusieurs consonnes.

Ex. : dans PAPER, papier, l'*a* est accentué et a le son long alphabétique *ée.* parce qu'il termine la syllabe *pa'per*, pr. *pée'peur*.

Dans le mot *hat*, chapeau, l'a est également accentué, mais il ne *termine pas* la syllabe, qui est terminée par t. L'*a* a ici le son très bref du français *patte*.

Cette explication et ces deux exemples suffiront pour tenir l'élève en garde contre une erreur assez commune, qui consiste à croire que *syllabe accentuée* et *syllabe longue* signifient la même chose. Une syllabe peut être *accentuée* et *très brève* en même temps.

Etudions d'abord les voyelles séparément, nous les présenterons plus loin, dans un tableau d'ensemble qui, bien compris, donnera la clef de la prononciation des huit dixièmes des mots de la langue anglaise.

A. Cette voyelle a six sons principaux.

1° Le son *long*, représenté en français par *ée*, dans le mot *fée*, quand elle TERMINE LA SYLLABE ACCENTUÉE.

On appelle aussi ce son long, son *alphabétique*, parce que c'est le son qu'on donne à cette voyelle lorsqu'on lit l'alphabet.

Ex. : FA'TE, destin, pron. *fée-te.*

2° *a* a le son très bref du mot français *patte*, quand il est sous l'accent, mais ne *termine pas la syllabe.*

Ex. : FAT' gras, pron. *fatte'* très bref.

3° Le son de l'â dans le mot français âpre ou pâtre.

Ex. : FAR, loin, pr. *fâr*, sans faire ronfler l'*r* final;

FAST, jeûne, pr. *fâst.*

4° Dans certains mots, l'*a* devant *r* forme avec cette consonne un son ouvert qui se rapproche beaucoup du mot français *air*.

Ex. : FARE, passage, prix, pron. *fè-re*.

5° Un son très long et très ouvert, à peu près comme le son de l'*o* dans les mots français *or*, *nord*, *encore*.

Ex. : FALL, chute ; SALT, sel.

6° Un son sourd, peu distinct, dans les finales non accentuées.

Ex. : FA'TAL, fatal, pr. *fee'teul*, en accentuant fortement la première syllabe, et en laissant tomber la voix en prononçant la finale, de façon qu'il soit à peu près impossible de distinguer quelle est la voyelle de cette finale. En effet, dans les finales non accentuées, toutes les voyelles ont à peu près le même son sourd, indistinct, plus sourd que *eu* dans *peu*, de sorte que si, par exemple, le mot *fatal* que nous citons plus haut, était écrit *fatel* ou *fatol* ou *fatul*, la prononciation resterait à peu près la même.

Cette dernière remarque s'applique à toutes les voyelles des syllabes finales non accentuées.

E a cinq sons principaux :

1° Le son *long* ou *alphabétique* de I, du mot français *gite*, quand il TERMINE UNE SYLLABE ACCENTUÉE.

Ex. : *to* ME'TE, mesurer, pr. *mi-te* ; SCE'NE, scène, pr. *sci-ne*.

2° Le son très bref du français *net*, quand il est sous l'accent, mais NE TERMINE PAS la syllabe.

Ex. : *met'*, rencontré ; *bed'*, lit.

3° Le son guttural *eu*, à peu près comme dans la première syllabe du mot français *Europe*, devant *r*.

Ex. : VERSE, vers, pron. *veur'ce* ; MERCY, miséricorde, pr. *meur'ci*.

4° Le son ouvert du mot français *air* (voir n° 4 de l'*a*).

Ex. : WHERE, où (houë're).

5° Le son obscur, final, non accentué, (voir le n° 6 de l'a).

Ex. : MASTER, maître, pr. màs'teur ; SISTER, sœur, sis'teur.

I a quatre sons principaux.

1° Le son *long* ou *alphabétique aï*, comme la première syllabe du mot français *aïeul*, lorsqu'il TERMINE LA SYLLABE ACCENTUÉE.

Ex. : FI'NE, beau, pr. *faï-ne* ; SI'LENCE, pr. *saï'-lence*.

2° Le son très bref français, comme dans *nid*, lorsqu'il NE TERMINE PAS LA SYLLABE ACCENTUÉE.

Ex. : FIN' nageoire, pr. *finn'*; LIMIT, pron. *lim'it.*

3° Le son guttural *eu* devant *r*.

Ex. : FIR, sapin, pr. *feur*, sans faire vibrer l'*r*.

4° Le son final et sourd dans les terminaisons non accentuées.

Ex. : OFFICE. bureau, pr. *off'ice;* SERVICE, pr. *seur'vice,* en appuyant fortement sur la première syllabe, au détriment de la seconde qui devient obscure.

O a quatre sons principaux :

1° Le son *long* ou *alphabétique*, comme dans *pôle*, quand IL TERMINE UNE SYLLABE ACCENTUÉE.

Ex. : NO', non; GO', allez; NO'TE, note.

2° Le son très bref du français *hotte*, quand il NE TERMINE PAS la syllabe accentuée.

Ex. : NOT', pas; HOT', chaud; SPOT', endroit.

3° Le son ouvert de *o* dans *encore*, devant *r*.

Ex. : NOR, ni; FOR, car; FOR'MER, premier, pr. *fôr'meur*.

4° Le son final sourd de *eu*, dans certaines terminaisons non accentuées.

Ex. : DOCTOR', pr. *docteur*, l'*r* final étant à peine perceptible; *kingdom*, pr. *king'deum*

U a cinq sons principaux.

1° Le son *long* ou *alphabétique* de *tou* du mot français *chtourme*, quand il TERMINE UNE SYLLABE ACCENTUÉE.

Ex. : TU'BE, tube, pr. *tiou'be*; MU'SIC, pr. *miou'zik*

2° Le son bref français de *eu* dans *seul*, quand il NE TERMINE PAS la syllabe accentuée.

Ex. : TUB', cuve, pr. *teub';* MUST, (il faut), pr. *meust'* (bref).

3° Même son de *eu*, mais un peu plus long, quand *u* est suivi de *r*.

Ex. : TURN, tour, pr. *teûr-ne*.

4° Le son de *ou* long après *r* dans la même syllabe.

Ex. : TRUE, vrai, pr. *troûe;* RULE, régle, pr. *roû-le.*

5° Son de *ou* bref, surtout devant l ou ll.

Ex. : BULL, taureau, *boul'*, to *put*, mettre, *poutt'*.

Y suit à peu près les mêmes règles que l'*i*.

1° Le son de *aï* sous l'accent.

Ex. : *my*, (maï), *rhy'me*, pr. *raï'me*

2° dans une terminaison non accentuée, l'*y* prend un son intermédiaire entre *i bref* et é du mot *bonté*.

Ex. : FANCY, imagination, pr. *fann'cé*, en donnant à la finale un son affaibli de é.

Diphtongues.

7. — Nous n'indiquerons ici que les principales diphtongues. Leur nombre est assez considérable et leurs sons très variés; nous les étudierons successivement dans le cours de nos leçons.

AE se prononce i dans quelques mots tirés du grec ou du latin.

Ex. : CŒSAR, (ci'zeur).

AI se prononce généralement ée, plus ou moins long.

AU son très ouvert de *o* dans *encore*.

Ex. : TAUGHT, instruit, (tô'te); CAUGHT (cô'te), attrapé.

EA a tantôt le son de l'*e*, tantôt celui de l'*a*, d'*i* long, d'*e* bref.
C'est la plus difficile des diphtongues. Nous l'étudierons avec soin.

EE se prononce généralement i long.

EI tantôt ée, tantôt *i long*, tantôt *i bref*.

EU et EW se prononcent *iou*, FEW, quelques, pr. *fiou'*.

IE tantôt aï, tantôt i long.

OO *ou long*; ex. : FOOL, sot, *foû-le*. Excepté devant *r* où l'on ne prononce qu'un seul *o*; ex. : DOOR, porte, pr. dôr.

OU tantôt *ou*, tantôt *a'ou*, quelquefois, *eu*.

OW se prononce *ô* et *a'ou*. Ex. : NOW, maintenant, *na'ou*.

Tableau synoptique de la prononciation anglaise

8. — Ce tableau, qui ne renferme que *trente mots,* bien étudié et bien compris, d'après les règles et les explications que nous venons de donner, servira de *clef* pour deviner la prononciation d'un nombre considérable de mots anglais.

	SON LONG ou ALPHABÉTIQUE La voyelle termine la syllabe accentuée	SON TRÈS BREF FRANÇAIS La syllabe accentuée est terminée par la consonne u = *eu* bref	SON GUTTURAL VIBRANT produit par l'r	SON TRÈS OUVERT de l'*a* ou de l'*e* u après r égale *ou* long	SON TRÈS OUVERT de l'*a* comme l'o de nord ù = ou bref	SON OBSCUR dans les terminaisons non accentuées
A	**Fa'te** *fé'te*	**Fat'** *fatt'*	**Fâr** *fâre*	**Fä're** *fêr-e*	**Fàll** *faù-le (or)*	**Fa'tal** *fé-teul*
E	**Me'te** *mi-te*	**Met'** *mett'*	**Vêr'se** *veur'ce*	**Whëre** *houé-re*		**Mâs'ter** *mâs'teur*
I	**Fi'ne** *faï'ne*	**Fin'** *finn'*	**Fir** *feur*			**Off'ice** *off'ice*
O	**No'te** *nó-te*	**Not'** *nott'*	**Nôr** *nôr*	**Sön** *seunn'*		**Doc'tor** *doc'teur*
U	**Tu'be** *tiou'be*	**Tub'** *teub'*	**Tûrn** *teûrne*	**Rü-le** *roû-le*	**Bùll** *boull'*	**Sul'phur** *seul'feur*
Y	**Rhy'me** *raï'me*	**Syn'tax** *sinn-tax*	**Mŷr'tle** *meur't'le*			**Mâr'tyr** (mâr'teur) **Fancy** (fann'cé)

Nous prions l'élève de bien observer et de bien retenir la valeur que nous donnons aux quelques signes ou accents dont nous nous servons dans ce tableau. Il remarquera surtout que l'accent aigu ('), placé *après la voyelle* (1re colonne), indique que cette dernière est accentuée et a le son alphabétique. Ce même accent placé *après la consonne* (2e colonne), indique que la voyelle est également accentuée, mais a un son français très bref.

L'accent circonflexe (3e colonne), ne se trouve que sur les voyelles suivies de *r*.

Les finales non accentuées qui ont le son sourd, indistinct, sont marquées d'un point en dessous (6e colonne). Ce point indique très bien par sa position, que la voix doit tomber ou faiblir, et que la voyelle doit prendre un son vague, peu distinct, comme nous l'avons déjà expliqué n° 6, paragraphe 6, page 10.

Première leçon — First lesson *(feur-st les's'n)*

DE L'ARTICLE DÉFINI ET DES ADJECTIFS DÉMONSTRATIFS.

9. — PRONONCIATION. **The,** le, la, les; **this,** ce...ci; **that;** ce...là; cette-là. *Prononciation* du **th,** voir nº 3, page 6.

Pour distinguer the *th* dur du *th* doux, nous marquerons le *th* doux d'un point comme *th*.

Dans l'article défini **the,** le, la, les, et les adjectifs démonstratifs *this* et *that,* termes *conjonctifs* de même famille, le *th* est doux. Prononcez un *z* en appuyant le bout de la langue contre les dents supérieures: **the** (pr. zi); **this** (pr. ziss'); **that** (zatt').

REMARQUE. — L'article **the** se prononce de deux façons :

1º Quand il est prononcé seul ou qu'il est placé devant un mot commençant par une voyelle, l'e prend le son de *i*. Ex. : *the ass* (zi âss), l'âne.

2º Quand *the* est placé devant un mot commençant par une consonne, l'*e* devient presque muet, et quelquefois même, dans la rapidité de la conversation, se trouve complètement élidé. Ex. : *the book,* le livre (ze bouk'), ou parfois th'book (z'bouk').

SIGNES. — Th (doux); r guttural non vibrant; s doux, comme z.

Dans nos vocabulaires, les lettres en italiques ne se prononcent pas. Les syllabes imprimées en caractères gras sont accentuées, et doivent par conséquent se prononcer fortement, au détriment des syllabes non accentuées qui précèdent ou qui suivent.

10 **Mots usuels, 1er vocabulaire.**

The **fam'**ily,	*ze fam'ilé,*	la famille.
The **pa'**rents,	*ze pée-rents,*	les parents, le père et la mère.
The rela'tions,	*ze ré-lée-cheunz,*	les parents plus éloignés tels
The **rel'**atives,	*ze rel'etiv'z,*	que oncle, cousin, etc.
The **fâ**ther,	*ze fâ-zeur,*	le père.
The **mo**ther	*ze moz'eur,*	la mère.
This **hus'**band	*ziss' heuz'band,*	ce mari-ci.

at **wi'fe**	*zat' ouaï'fe,*	cette femme-là (femme mariée)
sön',	*e seun',*	un fils.
A **daùghter**,	*e dà-teur,*	une fille.
The **broth'er**,	*ze broz'eur,*	le frère.
The **sis'ter**,	*ze zis'teur.*	la sœur.
The **un'cle**,	*zi eun'k'l,*	l'oncle.
The **aunt**,	*zi ân'te,*	la tante.
The **neph'ew**,	*ze nev'viou,*	le neveu.
The **nie'ce**,	*ze ni-ce,*	la nièce.

Adjectives		*Adjectifs.*
Good	(*goud'*),	bon, bonne, bons, bonnes.
Young'	(*yeun'gn*),	jeune, etc.
O'ld	(*ô'ld*),	vieux, vieille, etc.
And'	(*an'd*),	et.

11. Grammaire. — Verbe **to have**, *tou hav'*, avoir.

En anglais, le verbe *to have* est, comme le verbe *avoir*, en français, à la fois verbe principal et verbe auxiliaire.

Comme verbe principal, il signifie *avoir*, *posséder*, *tenir*.

Comme verbe auxiliaire, il sert à conjuguer les temps composés, passé indéfini, plus-que-parfait, etc.

Conjugaison du verbe *to have*.

Infinitif présent :	**to hav'e** (*hav'*),	avoir.
— passé	**to have had** (*had'*),	avoir eu,
Participe présent :	**having**, (*hav'igne*).	ayant.
— passé	**had'**,	eu, eue.

INDICATIF

Présent.

I hav'e,	(*aï hav'*)	j'ai.
Thou hast,	(*za'ouhast'*)	tu as.
He has,	(*hi haz'*),	il a.
She has,	(*chi haz'*),	elle a.
It has,	(*it' haz*),	cela a.
We hav'e,	(*oui hav'*),	nous avons.
You hav'e,	(*you hav'*),	vous avez.
They have,	(*zé hav'*),	ils ou elles ont.

Imparfait et parfait.

I had'	*(aï hadd')*,	j'avais ou j'eus.
Thou hadst	*(hadst')*,	tu avais ou tu eus.
He had'	»	il avait ou eut.
She had'	»	elle avait ou eut.
It had'	»	cela avait ou eut.
We had'	»	nous avions, eûmes.
You had'	»	vous aviez ou eûtes.
They had'	»	ils avaient ou eurent.

FUTUR

I shall have	*(chall')*,	j'aurai.
Thou wilt have	*(ouilt')*,	tu auras.
He, she will have,	»	il, elle aura.
We shall have,	»	nous aurons.
You will have,	»	vous aurez,
They will have,	»	ils auront

CONDITIONNEL

I should have	*(choudd')*	j'aurais.
Thou vouldst have	*(ououdst')*,	tu aurais.
He would have	*(ououdd')*,	il aurait.
We should have	»	nous aurions.
You would have	»	vous auriez.
They would have	»	ils auraient

IMPÉRATIF

2e pers. **Have,** aie ou ayez, (singulier et pluriel).

Let me have *(let mi hav')*,	permettez-moi d'avoir, que j'aie.
Let him have *(let himm'-)*	permettez-lui d'avoir, qu'il ait.
Let her have *(heur)*,	permettez-lui (à elle) d'avoir, qu'elle ait.
Let us have *(let cuss'hav')*,	permettez-nous d'avoir, ayons.
Let them have *(letzem'hav')*,	permettez-leur d'avoir, qu'ils aient.

12 CONJUGAISON INTERROGATIVE

La conjugaison interrogative du verbe *to have* se fait comme en français, en transposant le sujet et le verbe, au présent et à l'imparfait de l'indicatif. Ex. :

Conjugaison affirmative.		*Conjugaison interrogative.*	
I have,	j'ai.	Have I?	ai-je?
He has,	il a.	Has he?	a-t-il?
We have,	nous avons.	Have we?	avons-nous?
You have,	vous avez, etc.	Have you?	avez-vous? etc.
I had,	j'avais.	Had I?	avais-je?
He had,	il avait.	Had he?	avait-il?
They had,	ils avaient.	Had they?	avaient-ils?

Au futur et au conditionnel, on transpose seulement le sujet avec les auxiliaires *shall* et *will*, *should* et *would*. Ex. :

Conjugaison affirmative.		*Conjugaison interrogative.*	
I shall have,	j'aurai.	Shall I have?	aurai-je?
Thou wilt have,	tu auras.	*Shall* thou have?	auras-tu?
He will have,	il aura.	Will he have?	aura-t-il?
We shall have,	nous aurons,	Shall we have?	aurons-nous?
You will have,	vous aurez.	*Shall* you have?	aurez-vous?
They will have,	ils auront.	Will they have?	auront-ils?
I should have	j'aurais.	Should I have?	aurais-je?
He would have,	il aurait.	Would he have?	aurait-il?
You would have,	vous auriez, etc.	*Should* you have?	auriez-vous?

Remarque. — Au futur et au conditionnel interrogatifs, on emploie *shall* et *should* aux deuxièmes personnes du singulier et du pluriel, au lieu de *will* et *would*.

13 CONJUGAISON NÉGATIVE.

On ajoute **not'**, pas, après le verbe, dans les temps simples, après l'auxiliaire, dans les temps composés. Ex. :
I have not, je n'ai pas. — *I had not*, je n'avais pas. — *I shall not have*, je n'aurai pas. — *I should not have*, je n'aurais pas, etc., etc.

14. — *Explication grammaticale.* — L'article défini *the*, (zi), est invariable; il signifie : le, la, les.

L'article indéfini **A, an,** (*é*, *ann'*), répond au français *un, une.*

A se met devant les mots commençant par une consonne, une *h* aspirée, un *w*, un *y*, et devant *u*, ayant le son alphabétique. Ex. : *a man'*, un homme; *a hare* (hère), un lièvre; *a week,* (oui-ke), une semaine; *a yard,* une cour; *a union* (*é iou'-nieun*), une union.

An, s'emploie devant une voyelle ou une *h* muette. Ex. : *an uncle*, un oncle; *an hour*, (an a'our), une heure.

Nota. — l'*h* est presque toujours aspirée en anglais : elle n'est muette que dans un très petit nombre de mots, dont les principaux sont :

Heir (*ère*),	héritier.	**Honour**	(*o'neur*),	honneur.
Hour (*a'our*,	heure.	**Humour**	(*iou'meur*),	humeur.

et les mots qui en dérivent.

15. — De même nature que l'article *the*, sont les deux adjectifs démonstratifs **this,** (ziss) et **that,** (zatt').

This, signifie ce, cette, ce-ci; et s'emploie pour les objets *rapprochés.*

That, signifie ce, cette, ce-là, et s'emploie pour les objets *éloignés.*

This, fait au pluriel **these,** (zi-ze), ces...ci.

That, fait au pluriel **those,** (zô-ze), ces...là.

First translation (1), *feur'ste trans-lée'cheun*), 1re version.

I have a sister and a brother. — You have a good father. — She has a young sister. — He had an old uncle. — We had a nephew and a niece. — They had a young brother. — This father had a son and a daughter. — A good husband and a young wife. — We have an uncle and an aunt. — They have a young son. — They had good parents. — That mother will have a good daughter. — They would have good relations. — That family would have a young son. — Had you a brother? — Had they a nephew? — Shall you have a good niece? — Let me have an uncle. — Have a good family. — An hour. — A yard.

First exercise (*eks'seur-caïze*), 1er thème.

Vous avez une bonne sœur. — Il a un bon père et une bonne mère. — Ils ont un fils et une fille. — Le frère et la sœur ont une bonne

(1) Tous nos exercices peuvent se traduire sans dictionnaire. Ils ne sont composés que de mots déjà vus et étudiés dans les vocabulaires précédents.

famille. — Nous avions un oncle et une tante. — Ils avaient un neveu et une nièce. — Ils auront un frère. — Vous auriez un vieil oncle. — Ils avaient une bonne tante et un jeune neveu. — Ces parents-là. — Cette femme-là. — Cet oncle-ci. — Cette nièce-ci. — Ces neveux-là. — Avez-vous un frère? — Ont-ils un oncle? — Avaient ils un bon père? — Aviez-vous une nièce? — Ayez. — Que nous ayons. — Qu'ils aient. — Auriez-vous? — Je n'aurais pas. — Il n'avait pas. — Aurez-vous? — Je n'aurai pas une cour. — Un honneur. — Une union.

Nota. — L'élève pourra lui-même s'exercer à faire de petites phrases avec les mots qu'il connait déjà. Nous lui conseillons de lire à haute voix les vocabulaires, en faisant bien attention à la place de l'accent et aux signes de prononciation. Il devra aussi répéter plusieurs fois les thèmes et les versions, et surtout l'exercice de conversation que nous disposons en deux colonnes, afin qu'il puisse traduire alternativement les deux langues.

Conversation (*conn'veursée'cheun*).

Have you an uncle?	Avez-vous un oncle?
Yes, (*yess*) I have an uncle and an aunt.	Oui, j'ai un oncle et une tante.
Had he a son?	Avait-il un fils?
No, (*nô*), he had a daughter.	Non, il avait une fille.
Has she a nephew?	A-t-elle un neveu?
Yes, she has a nephew and a niece.	Oui, elle a un neveu et une nièce.
Will he have a good son?	Aura-t-il un bon fils?
Has he a young wife?	A-t-il une jeune femme?
Has this wife a good husband?	Cette femme a-t-elle un bon mari?
Had they a brother?	Avaient-t-ils un frère?
Yes, they had a brother and a sister.	Oui, ils avaient un frère et une sœur.

Deuxième leçon. — Second lesson (*sek'eund*).

16. — PRONONCIATION. Quand est-ce que les voyelles ont le son long et alphabétique?

Rép. Quand elles *terminent une syllabe accentuée.* Voir n° 6.

Prononcez : Fa'te; me'te; fi'ne; no'te; tu'be; my; rhy'me; pa'rents; rela'tions; wi'fe. Excepté *fa'ther*, qui se prononce *fâ-zeur* (th doux).

L'*a* a également le son long de *ée*, sous l'accent, devant les syllabes *ste* et *nge*, dans les mots tirés du français. :

Ta'ste (tée-ste),	goût.	**Da'nger** (*dée'ngeur*),	danger.
Ha'ste (hée'ste),	hâte.	**Cha'nge** (tchée-ndje),	changement.

17 MOTS USUELS : 2e vocabulaire.

An'cestors (*ann'cesteurz*),	ancêtres.
Grand'father (*grann'd*),	grand-père.
Grand'mother »	grand'mère.
Grand'sön »	petit-fils.
Grand'daughter, »	petite-fille.
Great'grand'father, *gré'te*,	bisaïeul.
Great'grand'son, »	arrière-petit-fils.
Cou'sin (*keuz'z'n*),	cousin ou cousine.
First cousin ou cousin-ger'man,	cousin germain.
Father-in-law (*inn'lâ*),	beau-père, (*in-law*, en loi).
Sön'-in-law, »	beau-fils, gendre.
Daughter-in-law (1) »	belle-fille, bru.
God'father (*godd'*),	parrain (*God*, Dieu).
God'mother »	marraine.
Godson, goddaughter,	filleul, filleule.
Bach'elor (*batch'eleur*),	célibataire.
Na'me (*née-me*),	nom.
Chris'tian name (*cris-tieun*),	nom de baptême.
Fam'ily na'me «	nom de famille.

18 GRAMMAIRE. — Verbe **to be**, être.

Infinitif présent :	**to be** (*tou-bi*),	être.
—	**to have been** (*bine*),	avoir été.
Participe présent :	**Be'ing** (*bi-ingne*)	étant.
— passé	**Having been**	ayant été.

(1) Pour indiquer la parenté qui résulte d'un second mariage, on se sert du préfixe *step*. Ex. : *step-father*, beau-père (par un second mariage). *Step-mother*, belle-mère, etc., etc.

INDICATIF.

Présent.

I am (*aï'amm'*),	je suis.
Thou art (*za'ou ârt*),	tu es.
He, she, it is (*iz*),	il, elle est.
We are (*âre*),	nous sommes.
You are »	vous êtes.
They are »	ils, elles sont.

Parfait et imparfait.

I was (*aï ouoz'*),	j'étais, je fus.
Thou wast (*ouost'*),	tu étais, tu fus.
He was (*ouoz*)	il était.
We wëre (*oui ouè-re*),	nous étions.
You were »	vous étiez.
They were »	ils, elles étaient

FUTUR

I shall be,	je serai.
Thou wilt be,	tu seras.
He, she will be,	il, elle sera.
We shall be,	nous serons
You will be,	vous serez.
They will be,	ils, elles seront.

CONDITIONNEL

I should be (*shoudd'*),	je serais
Thou vouldst be,	tu serais.
He, she would be,	il, elle serait
We should be,	nous serions.
You would be,	vous seriez.
They would be,	ils seraient.

IMPÉRATIF

2e personne. Singulier et pluriel, **Be,** sois, soyez.

Let me be,	permettez-moi d'être,		que je sois,
Let him be,	»	lui »	qu'il soit.
Let her be,	»	lui (à elle),	qu'elle soit.
Let us be.	»	nous »	soyons.
Let them be,	»	leur »	qu'ils, qu'elles soient.

La conjugaison interrogative et la conjugaison négative du verbe *to be* se fait comme pour le verbe to have. Ex. : *am I*, suis-je? *Shall I be*, serai-je, etc. Voir nos 12 et 13.

Remarque. — 1o La 2e personne de l'impératif de *tous* les verbes est toujours semblable à l'infinitif sans le signe *to*. Ex. : *to have*, avoir; *have*, ayez; *to be*, être; *be*, soyez.

2o Le futur et le conditionnel de *tous* les verbes se forment de la même façon, à l'aide des auxiliaires *shall* et *will* pour le futur; *should* et *would* pour le conditionnel, qu'on fait suivre de l'infinitif du verbe, sans le signe *to*. Ex. :

To have.	*I shall have,*	*I should have.*
	He will have,	*He would have.*
To be,	*I shall be,*	*I should be.*
To go, aller	*I shall go.*	*I should go*, etc., etc.

19 ADJECTIFS POSSESSIFS.

My',	mon, ma, mes,	mot invariable.
Thy'	ton, ta, tes,	» »
Our,	notre, nos,	» »
Your,	votre, vos,	» »

His,	son, sa, ses,	masculin.
Her	»	féminin.
Its	»	neutre.
One's	»	sens général.

En anglais, l'adjectif possessif s'accorde avec le possesseur et non avec l'objet possédé comme en français. Ex. : *his book*, son livre, à lui; *her book*, son livre, (à elle).

Du Genre.

20. — *Genre.* Il y a en anglais *trois* genres, le masculin, le féminin et le neutre. La langue anglaise suit la nature pour la désignation du genre.

Les êtres mâles sont masculins.

Les êtres femelles sont féminins.

Les choses inanimées sont du genre neutre.

Il y a peu d'exceptions à cette règle importante, qui simplifie considérablement l'étude de la langue anglaise.

1o Les noms des nations sont considérés comme féminins. Ex. :
France with **her** *wines*, la France avec ses vins.

2° Les noms de navires et de bateaux sont aussi féminins.

On dit : **she** *sailed*, (elle), il fit voile, en parlant d'un navire.

3° Les grands animaux, tels que le cheval, le lion, sont considérés comme masculins. Les tout petits animaux sont presque toujours neutres.

4° Quand un substantif est à la fois des deux genres comme *cousin*, cousin ou cousine; *servant*, servant ou servante, etc.; si l'on veut préciser le sexe, on le fait précéder de différents mots, tels que **man**, homme, **maid** (*mè'de*), fille; **male** ou **female** (*mé'le, fi-méle*), mots qui, en anglais, n'ont rien de choquant.

Ex. : *A man-servant*, un domestique (homme); *a maid-servant*, une domestique; *a male-cousin*, un cousin; *a female-cousin*, une cousine.

Cependant, quand on sait clairement de qui l'on parle, on évite le plus souvent ces mots composés; on emploie le mot simple.

5° Quand on tient à désigner le sexe des animaux, surtout des quadrupèdes, on se sert, comme préfixe, du pronom personnel *he*, il, pour désigner le mâle, et du pronom féminin *she*, pour désigner la femelle.

Ex. : **goat** (gô-te), chèvre, sens général qui désigne l'espèce

He-goat, bouc, et **She-goat**, chèvre (femelle).

6° Pour les oiseaux, on se sert comme préfixe du mot **cock**, coq, pour les mâles, et de **hen**, poule, pour les femelles.

Ex. : **sparrow** (spar'o), moineau, sens général.

A cock-sparrow, un moineau (mâle), **a hen-sparrow**, la femelle,

Exercices de traductions.

Of, (ov), de, préposition, indique la dépendance et est généralement placée entre deux substantifs. Ex. : le livre de William, *the book of William*.

From, de, préposition, marque l'origine, la provenance, la séparation, est ordinairement complément d'un verbe. Ex. : je *viens de Londres*, I am coming *from* London.

In, dans, lorsqu'il n'y a pas idée de mouvement.

Where (houère), où. **Here** (*hi-re*), i'ci. **There** (zère), là.

With (*ouiz*), avec. **But'** (*beut*), mais.

VERSION 2.

My cousin is with my uncle. — Where is your father? — He is here. — Where have you been? — I have been here. —Your sister was with her mother. — Your daughter-in-law will be there. — Where were you? — We were there with the brother of your son-in-law. — His grandfather was with his uncle. — Our young sister-in-law wasw ith her godfather. — The godmother is with her godson. — Her son is a bachelor. — His christian name is William; his family name is Johnson. — We have a she-goat. — They had a maid-servant.

THÈME 2.

Où étiez-vous? — J'étais là avec mon frère. — Votre beau-frère est ici avec sa femme. — Ma tante est dans sa famille avec son mari. — Elle aura son fils, mon cousin, avec son filleul. — Où est la domestique. — Elle était là avec le domestique. — La chèvre et le bouc sont ici. — Nous avons un moineau dans une *cage* (1). — Son frère (à lui) est [un] (2) célibataire. — John est notre cousin germain. — Son beau-père sera ici avec son petit-fils. — Ce vieillard (vieil homme) est mon grand-père. — A-t-il une petite-fille? — Oui. — Un bouc. — Un moineau.

CONVERSATION (nº 2).

Have you a son-in-law?	Avez-vous un gendre?
No, but we have a daughter-in-law.	Non, mais nous avons une bru.
What (*houot'*) is her name?	Quel est son nom?
Her christian name is Mary (mé'ré).	Son nom de baptême est Marie.
Her family name is Murray.	Son nom de famille est Murray.
Where is your father-in-law?	Où est votre beau-père?
He is here (*hi-re*).	Il est ici.
And your step-mother?	Et votre belle-mère?
She was there.	Elle était là.
Where shall you be?	Où serez-vous?
I shall be with my mother.	Je serai avec ma mère,
Will they be there?	Seront-ils là?
Yes, they will be here.	Oui, ils seront ici.

EXPRESSIONS COMMERCIALES.

Business (*biz'iness*),	affaires.
To be in business,	être dans les affaires, le commerce.
What is his business,	Quelle est sa profession?
He retired (*ritaï'r'd*) from business,	Il s'est retiré des affaires.

(1) Dans les thèmes, les mots en italiques sont les mêmes dans les deux langues.
(2) Les mots entre crochets doivent s'ajouter au texte français.

He is a man of business,	C'est un homme qui s'entend aux affaires.
To do business,	faire des affaires.
Banking business,	affaires de banque.

Troisième leçon. — Third lesson (*theu'r'd*).

21. — PRONONCIATION. Quand est-ce que les voyelles ont le SON BREF? *Rép.* Quand elles NE TERMINENT PAS la syllabe accentuée, c'est-à-dire, quand dans la même syllabe elles sont suivies d'une ou de plusieurs consonnes dont elles ne peuvent se séparer dans l'épellation. Ex. : *hat, met, fin, not, but,* (beutt'). Ne pas oublier que le son français de l'*u* dans le mot *bru*, n'existe pas en anglais. Le son bref de l'*u* se rapproche du son de *eu* dans le mot *seul*. Voir le tableau, page 13.

En général, une voyelle suivie d'une consonne redoublée, est très brève, et la consonne double se prononce comme simple.

Ex. : **matter** (*mat'eur*), matière; **to redden** (*red'en*), rougir, etc.

Exercice. Prononcez d'après les principes étudiés.

Fat,	gras.	**Him,**	lui.	**Stopper,**	bouchon à l'émeri.
Cap,	casquette.	**Thin,**	mince.	**But,**	mais.
Pan,	poêlon.	**Tin,**	fer-blanc.	**Tube,**	cuve.
Red,	rouge.	**Big,**	gros.	**Must,**	falloir.
Bed,	lit.	**Hot,**	chaud.	**Punish,**	punir.
Fell,	tomba.	**Spot,**	endroit.	**Culpable,**	coupable.

22 MOTS USUELS, 3e vocabulaire.

The **hou'se** (*haou'ce*),	la maison.
The **hou'ses** (*hou'zіz*),	les maisons.
A room (*roum*).	une chambre.
An apȧrt'ment (*apart'mente*),	un appartement, chambre.
Fûr'nished (*feur'nîsht*),	meublé.
A suite of apartments (*souite*),	grand appartement.
Drȧwing-room (*drȧ-ingne-roum*),	grand salon.
Pȧrlour (*par-leur*),	petit salon.

Di'ning-room	*(daï-ningne-roum)*,	salle à manger.
Bed'room	*(bed'roum)*,	chambre à coucher.
Kit'chen	*(kit'chène)*,	cuisine.
A wâll	*(ouau'le)*,	un mur.
A win'dow	*(ouin'do)*,	une fenêtre.
The shut'ter	*(cheut'eur)*,	le volet.
The bli'nd	*(blaï'nd)*,	le store.
A dôôr	*(dor)*,	une porte.
Lock', Key	*lock; ki)*,	serrure; clef.
The Ga'te	*(gué-te)*,	porte principale, grand'porte.
Côurt-yard	*(côr'te-yârd)*,	cour (de maison).
The bell	*(belle)*,	la sonnette.
The knoo'ker	*(nock'eur)*,	le marteau (de la porte)

VERBES

To knock'	*(nock')*,	frapper.
To ring	*(ringn')*,	sonner.
To shut	*(cheut')*,	fermer.
To open	*(ô'p'n)*,	ouvrir.
To lock'	*(lock)*,	fermer à clef.
To let	*(lett')*,	louer, donner en location.
To hi're	*(haï-re)*,	louer, prendre en location.
To rent	*(ren't)*,	donner ou prendre en location.
To liv'e in	*(liv' inn')*,	habiter (dans).

28 CONJUGAISON D'UN VERBE RÉGULIER

La conjugaison anglaise ne présente aucune difficulté.

Il n'y a pas comme en français quatre conjugaisons distinctes. Tous les verbes réguliers se conjuguent de la même manière. Savoir conjuguer un seul verbe c'est savoir les conjuguer tous.

Modèle de conjugaison.

To Câll *(caû-le)*, appeler.

Participe présent : **Calling** *(caû'ligne)*, appelant.
— passé **Called** *(caû'l'd)*, appelé.

Tous les participes présents se forment en ajoutant la terminaison *ing*, et tous les participes passés la terminaison *ed* à l'infinitif.

Nota. — Dans les participes passés, l'*e* de la terminaison est muet; on ne prononce que le *d*. Ex. : *caû'l'd*. Excepté si l'infinitif est terminé par une des deux dentales *d* ou *t*. Ex. : *rented*, pron. *ren'ted; add-ed*, ajouté, pron. *ad'ed*.

INDICATIF

Présent

I call	*(aï caû'l)*,	j'appelle.
Thou callest	*(za'ou caû'lest)*,	tu appelles.
He, she, it calls	*(caû'lz)*,	il ou elle appelle.
We call	*(caû'l)*,	nous appelons.
You call	»	vous appelez.
They call	»	ils ou elles appellent.

Nota. — On remarquera que la 1re personne du singulier et les trois personnes du pluriel sont semblables à l'infinitif. La 2e personne du singulier prend *est*. Cette seconde personne du singulier est très peu usitée. Les anglais ne tutoient personne. Elle n'est guère employée que dans les prières, lorsqu'on s'adresse à Dieu.

La 3e personne prend une *s* qui se prononce.

Autrefois on ajoutait *th* ou *eth* au lieu de *s*. Ainsi, au lieu de *calls* on disait *calleth*, *hath* pour *haveth*, au lieu de *has*. Cette forme archaïque ne s'emploie plus aujourd'hui qu'en poésie.

Imparfait et parfait ou prétérit

I called	*(caûl'd)*,	j'appelais ou j'appelai.
Thou calledst	*(caû'ledst)*,	tu appelais ou tu appelas.
He called	*(caû'l'd)*,	il appelait ou il appela.
We called	»	nous appelions ou nous appelâmes.
You called,	»	vous appeliez ou vous appelâtes.
They called,	»	ils appelaient ou ils appelèrent.

24. — Outre ces formes simples du présent et de l'imparfait de l'indicatif, il en existe deux autres que nous devons expliquer dès maintenant, parce que l'une d'elles au moins est d'un emploi très fréquent.

Quand je dis *I call*, j'appelle, j'exprime une action générale ou habituelle. Ainsi : j'appelle tous les matins, *I call every morning*.

Mais si je veux indiquer que j'appelle *en ce moment*, que je *suis en* train d'appeler, j'emploierai le présent dit d'*actualité*. Ce temps se forme à l'aide du verbe *to be*, être, et du participe présent du verbe principal. Cette seconde forme d'*actualité* est beaucoup plus employée que la précédente, par la raison que le plus souvent le présent de l'indicatif indique une action *actuelle*, qui se passe au moment où l'on parle. Ex. :

PRÉSENT D'ACTUALITÉ

I am calling,	j'appelle (en ce moment), je suis en train d'appeler.
Thou art calling,	tu appelles (en ce moment).
He is calling,	il est en train d'appeler, il appelle.
We are calling,	nous appelons (en ce moment).
You are calling,	vous appelez »
They are calling,	ils ou elles appellent »

25. — Quand à l'imparfait, si l'action se passe *en même temps* qu'une autre action, on emploie l'imparfait de *simultanéité*, qui se forme à l'aide de l'imparfait du verbe *to be*, et du participe présent du verbe principal.

IMPARFAIT DE SIMULTANÉITÉ

I was calling,	j'appelais (au moment où tel fait se passait).
Thou wast calling,	
He was calling,	il appelait (il était en train d'appeler), etc.
We were calling,	nous appelions, etc.
You were calling,	vous appeliez, etc.
They were calling,	ils appelaient, etc.

Cette forme de l'imparfait est très employée. C'est là le véritable imparfait. L'autre forme, *I called*, que nous avons donnée plus haut, représente plutôt le parfait ou le passé indéfini français.

NOTA. — Certains verbes exprimant une action ou une sensation rapide, qui ne peut avoir de durée, ne sauraient prendre cette seconde forme d'*actualité* ou de *simultanéité*. Ainsi les verbes *to hear*, entendre; *to see*, voir. On ne pourrait pas dire : *I am hearing*, je suis en train d'entendre, *I am seeing*, je suis en train de voir; mais on dira bien *I am listening to him*, je suis en train de l'écouter; *I am looking at him*, je suis en train de le regarder, parce que l'action d'écouter ou de regarder peut se prolonger au gré de celui qui écoute ou regarde.

26 PRÉSENT ET IMPARFAIT D'AFFIRMATION FORTE

Il existe une troisième forme du présent et de l'imparfait de l'indicatif, moins employée que les deux précédentes, qu'on appelle présent et imparfait d'*affirmation forte*. On se sert, pour conjuguer ces deux temps du verbe *to do*, faire, parfait, *did*, qui joue ici le rôle de verbe auxiliaire. Exemple :

Présent

I do call (*dou*),	j'appelle réellement, j'affirme que j'appelle.
Thou dost call (*deust*),	tu appelles » »
He does call (*deuz*),	il appelle » »
We do call (*dou*),	nous appelons » »
You do call »	vous appelez » »
They do call, »	ils appellent » »

Imparfait et parfait

I did call,	j'appelais ou appelai réellement.
Thou didst call,	tu appelais » »
He did call,	il appelait ou appela »
We did call,	nous appelions ou appelâmes »
You did call,	vous appeliez ou appelâtes »
They did call,	ils appelaient ou appelèrent »

NOTA. — Voir la suite de la conjugaison régulière dans la prochaine leçon.

Explications grammaticales

27 DU PLURIEL

Le pluriel des noms anglais se fait, comme en français, en ajoutant une *s* au singulier. Cette *s* se prononce.

En français, l'*s* du pluriel ne se prononce pas, parce que les articles *le*, *la*, *les*, indiquent si le substantif est singulier ou pluriel. En anglais, l'article *the* est invariable; il est donc nécessaire de prononcer l'*s* pour distinguer le pluriel du singulier.

Ex. : a **book**, un livre; pluriel **books** (*boukse*), des livres.

Voilà la règle générale; il y a plusieurs exceptions que nous expliquerons plus loin.

VERSION 3

Have you a house? — Yes, we have a house here with a court-yard. — He is knocking at the door. — Open the door of this room and shut the window of the parlour. — Ring the bell. — To let a furnished apartment. — We live in that house. — Lock the door of the kitchen. — Have you the key of this bedroom? — No, I have not. — The gate has a knocker. — The blind and the shutter of the window. — They hired a suite of apartments. — Knock and ring. — He is calling. — We were knocking at the door. — I did ring. — I locked the door of your drawing-room. — Open the window of the dining-room. — This is your house. — Yes, it is.

THÈME 3

Nous avons une maison et une cour. — Où est votre maison? — Elle est ici. — Nous avons un petit salon et une chambre à coucher. — Il frappe à la porte. — Elle sonne. — Ouvrez la fenêtre de la cuisine. — Fermez la porte de la salle à manger. — J'ai fermé à clef la porte de ma chambre. — Où est votre clef? — Elle est dans la cuisine. — La fenêtre du petit salon a un store. — Fermez la grand'porte. — Son père (à lui) avait une maison ici. — Il appelle (en ce moment). — Nous avons une chambre à louer avec une cuisine. — Ils habitent dans la maison de mon oncle.

CONVERSATION

Where is his house?	Où est sa maison (à lui)?
Here it is.	(Ici elle est), la voici.
Have you my key?	Avez-vous ma clef?
Open the door of the room.	Ouvrez la porte de la chambre.
Shut the window, please (*plize*).	Fermez la fenêtre, s'il vous plaît.
Call your brother,	Appelez votre frère.
Where is your mother?	Où est votre mère?
She is in her room.	Elle est dans sa chambre.
Where were you?	Où étiez-vous?
I was in the kitchen.	J'étais dans la cuisine.

Have you shut the door?	Avez-vous fermé la porte?
Yes, it is shut.	Oui, elle est fermée.
Have you a room to let?	Avez-vous une chambre à louer?
I have a room with a parlour.	J'ai une chambre avec un salon.

EXPRESSIONS COMMERCIALES

Letter (*lett'eur*).	Lettre.
To prepay a letter (*pripé*).	Affranchir une lettre.
To pay the postage (*postédje*).	Payer le port (d'une lettre).
A post-stamp.	Un timbre-poste.
A letter of credit.	Une lettre de crédit.
A bill of exchange.	Une lettre de change.
Registered letter.	Lettre chargée.
Letter of introduction.	Lettre de recommandation.

Quatrième leçon. — Fourth lesson.

28 — Prononciation. *Son guttural ou vibrant des voyelles.*

Les voyelles ont le son vibrant ou guttural devant les liquides *l* ou *r*, et devant les gutturales *u* ou *w* (deublion). Prononcez :

Fâr	(*faar*),	Dans tous ces mots, il faut éviter de faire ronfler l'*r* sur l'extrémité de la langue comme en français; il faut le faire vibrer très légèrement au fond du gosier.
Vêrse	(*veurse*).	
Bîrd, sîr	(*beur'd, seur*),	
Nôr	(*nor*),	
Fûr	(*feur*),	
Mârtyr	(*mâr'teur*),	

All, càll, fàll, son très ouvert de l'*a*, se rapprochant beaucoup du son de l'*o* dans les mots français *nord* ou *encore*.

Will, bùll, faire vibrer les deux *ll*.

29. — *Finales non accentuées.* Dans les finales non accentuées, toutes les voyelles suivies de *r* ont à peu près le même son de *eue.* Exemple :

Altar,	autel,	prononcez	*al'teu*
Sister,	sœur,	»	*siss'teu.*
Doctor,	docteur,	»	*doc'teu.*
Sulphur,	soufre,	»	*seul'feu.*
Martyr,	martyr,	»	*mâr'teu.*

The furniture	(*feûr-ni-tcheur*),	le mobilier.
A pi'ece of furniture	(*pi-ce*),	un meuble.
The bed	(*bedd*),	le lit.
Bed-stead	(*bed'sted*),	bois de lit.
Mattress	(*matt'ress*),	matelas.
Straw-mattress	(*strâu*),	paillasse (*straw*, paille).
Spring-mattress	(*springne*),	sommier élastique (*spring*, ressort.
Sheet	(*chi-te*),	drap (de lit).
Blanket	(*blan'ket*),	couverture (de lit).
Pillow	(*pi'lô*),	oreiller.
Bolster	(*bôl'steur*),	traversin.
Elder-down	(*aï'der-da'oun*),	édredon.
Curtain	(*keur'tenn*),	rideau.
Bedside-table	(*bedsaïde-tée-beul*),	table de nuit.
Wash-stand	(*ouoch-stande*),	lavabo.
Seat	(*si-te*),	siège.
Chair	(*tchair*)	chaise.
Sofa	(*sô-fa*),	canapé.
Looking-glass	(*louk'ing-glasse*),	glace, miroir.
Mirror	(*mir'reur*),	miroir.
Ni'ght li'ght	(*naïl'laïl*),	veilleuse { *night*, nuit. *light*, lumière.
Can'dle	(*cann'd'l*),	chandelle.
Wax-candle	(*ouoks'cand'l*),	bougie. *Wax*, cire.
Can'dle-stick	(*cann'd'l-stick*),	chandelier.
Lamp'	(*lamm'pe*),	lampe.
Match	(*matt'che*),	allumette.

VERBES

To go to bed *(tou gô' tou bedd')*, aller au lit.
To light, I lighted, lit', allumer, j'allumai, allumé.
To put out *(tou pout'a'out)*, éteindre.
To rest *(tou rest)*, se reposer.
To sit down *(tou sitt' da'oun)*, s'asseoir.
To buy, bought *(tou baï, baût)*, acheter.
To sweep, swept *(ton sout'pe, souept)*, balayer.
To draw, drew, drawn *(draù, drou, draùn)*, tirer.
To clo'se *(cló-ze)*, fermer.

ADJECTIFS

Smâll *(smaùl)*, petit. **Lârge** *(lar-dje)*, grand, vaste
Hârd *(hàr-d)*, dur. **Soft** *(soft)*. doux, mou.
Clean *(cline)*, propre. **Dirty** *(deûrté)*, sale.
Early *(eûrlé)*, de bonne heure. **La'te** *(lée-te)*, tard.
Too *(tou)*, trop. **Too large** trop grand.
Please *(pli-ze)*, ou **if you please**, s'il vous plait.

31 **Suite de la conjugaison régulière**

(Voir leçon 3, pages 26 et suivantes.)

Il nous reste à parler du futur, du conditionnel et de l'impératif.

Nous avons déjà dit (page 22, remarque) que ces trois temps se conjuguaient de la même manière pour tous les verbes.

Le futur, avec les auxiliaires *shall* et *will*.

Le conditionnel, avec *should* et *would*.

Le verbe principal garde toujours la forme de l'infinitif sans le signe *to*. Exemple :

FUTUR

I shall call.	J'appellerai.
Thou wilt call.	Tu appelleras.
He, she, it will call.	Il ou elle appellera.
We shall call.	Nous appellerons.
You will call.	Vous appellerez.
They will call.	Ils ou elles appelleront.

CONDITIONNEL

I should call.	J'appellerais.
Thou wouldst call.	Tu appellerais.
He would call.	Il appellerait.
We should call.	Nous appellerions.
You would call.	Vous appelleriez.
They would call.	Ils ou elles appelleraient.

IMPÉRATIF

Call.	Appelle ou appelez.
Let me call.	Laissez-moi appeler, etc.

Consulter l'impératif du verbe *to be*, page 21.

REMARQUE. — Le *Subjonctif*, fort peu employé en anglais, se conjugue à l'aide de l'auxiliaire *may*, que nous étudierons plus loin.

32 Conjugaison négative.

La conjugaison négative se fait au moyen de divers auxiliaires.

Il y a un auxiliaire particulier pour chaque temps. Dans les temps composés, c'est-à-dire au passé indéfini et au plus que parfait, on se sert comme en français, du verbe avoir, *to have*.

Au futur, au conditionnel et à l'impératif, on se sert des mêmes auxiliaires que dans la conjugaison affirmative que nous avons étudiée, leçons 3 et 4, c'est-à-dire, de *shall* et de *should* pour le conditionnël, de *let*, pour l'impératif.

Au présent et au parfait de l'indicatif, qui se conjuguent affirmativement sans auxiliaires, on se sert du verbe auxiliaire *do* pour le présent, *did* pour le parfait.

Ce verbe *do*, qui joue un si grand rôle dans la conjugaison anglaise, et sur lequel nous reviendrons plus loin, signifie généralement *faire*, *agir*.

Il y a donc, dans la conjugaison négative, un auxiliaire à chaque temps.

Cet auxiliaire se met toujours après le sujet et est suivi de *not*, pas, ne pas, et du verbe principal à l'infinitif, sans le signe *to*, excepté avec l'auxiliaire *to have*, avec lequel on met comme en français le participe passé. Exemple :

To call, appeler.

Infinitif présent	**Not to call,** ne pas appeller.	
Infinitif passé :	**not to have called,**	n'avoir pas appelé.
Participe présent	**not calling,**	n'appelant pas.
passé	**not called,**	pas appelé.
passé composé	**not having called,**	n'ayant pas appelé.

NOTA. — Le signe *to* ne se sépare presque jamais de son infinitif, avec lequel il ne forme, pour ainsi dire, qu'un seul mot.

INDICATIF

Présent

I do not call	*(aï dou not caul).*	Je n'appelle pas.
Thou dost not call	*(za'ou deust...).*	Tu n'appelles pas.
He does not call	*(hi deuz...).*	Il n'appelle pas.
We do not call	*(oui dou not...).*	Nous n'appelons pas.
You do not call	*(you dou...).*	Vous n'appelez pas.
They do not call	*(zé dou...).*	Ils n'appellent pas.

Imparfait et parfait

I did not call.	Je n'appelais ou appelai pas.
Thou didst not call.	Tu n'appelais ou appelas pas.
He did not call.	Il n'appelait ou appela pas.
We did not call.	Nous n'appelions pas, etc.
You did not call.	Vous n'appeliez pas, etc.
They did not call.	Ils ou elles n'appelaient pas, etc.

FUTUR

I shall not call.	Je n'appellerai pas.
Thou will not call.	Tu n'appelleras pas.
He will not call.	Il n'appellera pas.
We shall not call.	Nous n'appellerons pas.
You will not call.	Vous n'appellerez pas.
They will not call.	Ils ou elles n'appelleront pas.

CONDITIONNEL

I should not call.	Je n'appellerais pas.
Thou wouldst not call.	Tu n'appellerais pas.
He would not call.	Il n'appellerait pas.
We should not call.	Nous n'appellerions pas.
You would not call.	Vous n'appelleriez pas.
They would not call.	Ils n'appelleraient pas.

PASSÉ INDÉFINI

I have not called.	Je n'ai pas appelé.
Thou hast not called.	Tu n'as pas appelé.
He has not called.	Il n'a pas appelé.
We have not called.	Nous n'avons pas appelé.
You have not called.	Vous n'avez pas appelé.
They have not called.	Ils n'ont pas appelé.

PLUS QUE PARFAIT

I had not called.	Je n'avais pas appelé.
Thou hadst not called.	Tu n'avais pas appelé.
He had not called.	Il n'avait pas appelé.
We had not called.	Nous n'avions pas appelé.
You had not called.	Vous n'aviez pas appelé.
They had not called.	Ils n'avaient pas appelé.

FUTUR PASSÉ

I shall not have called.	je n'aurai pas appelé.
Thou wilt not have called.	Tu n'auras pas appelé.
He will not have called.	Il n'aura pas appelé.
We shall not have called.	Nous n'aurons pas appelé.
You will not have called.	Vous n'aurez pas appelé.
They will not have called.	Ils n'auront pas appelé.

CONDITIONNEL PASSÉ

I should not have called.	Je n'aurais pas appelé.
Thou wouldst not have called.	Tu n'aurais pas appelé.
He would not have called.	Il n'aurait pas appelé.
We should not have called.	Nous n'aurions pas appelé.
You would not have called.	Vous n'auriez pas appelé.
They would not have called.	Ils n'auraient pas appelé.

IMPÉRATIF

Do not call, n'appelle pas ou n'appelez pas.
Do not let me call ou *let me not call*, que je n'appelle pas.
Do not let him call ou *let him not call*, qu'il n'appelle pas
Do not let us call ou *let us not call*, n'appelons pas.
Do not let them call ou *let them not call*, qu'ils ou qu'elles n'appellent pas

NOTA. — A la 2e personne, au lieu de *do not*, on se sert de préférence de la forme contractée *don't* dans la conversation, ex., *don't call*, n'appelez pas.

VERSION

Light your candle. — Where is it? — It is on the bedside-table. — I shall go to bed early. — Your bed is too small. — Put out the candle. — I shall not buy that piece of furniture. — Sweep my bedroom, please. — You have not swept it. — This straw-mattress is very hard. — Bring me a chair, please. — Here is one. — Thanks. — Your mirror is not there. — That wash-stand is not clean. — My brother will buy me a looking-glass. — Draw the curtains of my bed. — She will rest on this sofa. — Take a seat, please, and sit down. — Your candle-stick is dirty; I shall not take it. — Is your mother in her bedroom. — Give me a match to light my candle. — Here is one.

THÈME

Le mobilier de cette chambre n'est pas bon. — Les matelas de ce lit sont trop durs; les draps ne sont pas très propres. — Donnez-moi un oreiller et un traversin, s'il vous plaît. — Fermez les rideaux. — Eteignez la bougie. — La servante balaiera la chambre de bonne heure. — Ce lavabo est trop petit; nous ne le prendrons pas. — Apportez-moi, s'il vous plaît, une allumette; j'allumerai notre veilleuse. — N'éteignez pas la chandelle — Il ne va pas au lit. — Elle n'a pas balayé la cuisine. — Je n'ouvrirais pas les rideaux. — Vous ne vous reposeriez pas sur cette chaise. — Asseyez-vous sur le sofa.

88 EXPRESSIONS COMMERCIALES

Of'fice, bureau (local où travaillent les employés).
Desk, bureau, pupitre pour écrire.
Post-office, bureau de poste.
Post office order, mandat de poste (s'écrit souvent en abrégé P. O. O.).
General post-office, la grande poste. En abrégé G. P. O.
Letter, lettre.
No'te, note.
Postage stamp ou **stamp,** timbre poste (pour affranchir).
Post-mark, le timbre de la poste.
To **bear** (*bère*), porter, parfait **bore,** part. p. **borne.**
To **recei've** (*ri-ci-ve*), recevoir.
To **wri'te** (*raï'te*), écrire, **wrote** (*rôte*), **writ'ten** (*rit't'n*).
To **send** (*senn'd*), envoyer, **sent, sent.**

This letter bears the Paris post-mark. — Have you a stamp? — They have not received our letter. — My desk is in that room. — His office is in that house.

CONVERSATION

Where is your office?	Où est votre bureau?
In Oxford street.	Dans la rue d'Oxford.
Where is the general post-office?	Où est la grande poste?
At the corner of this street.	Au coin de cette rue.
Have you written a letter?	Avez-vous écrit une lettre?
No, I have not.	Non (je n'ai pas).
Send that letter to them.	Envoyez-leur cette lettre.
Give me a P. O. O.	Donnez-moi un mandat.
I have not recived your note.	Je n'ai pas reçu votre note.
I sent it to you yesterday.	Je vous l'ai envoyée hier.
Go to the post-office.	Allez au bureau de poste.
Buy (*baï*) me a stamp.	Achetez-moi un timbre.

Cinquième Leçon. — Fifth lesson.

34 PRONONCIATION. — *Etude des diphtongues.*

L'**A** combiné avec les autres voyelles forme les diphtongues suivantes : *ae*, *ai*, *ay*, *ao*, *au*, *aw*.

1° **Ae**. Cette diphtongue, d'ailleurs assez rare, se prononce *i* long, comme dans *gite*, quand elle est sous l'accent, et *e* faible, quand elle ne porte pas l'accent.

Ex. : *Cæsar* (ci-zeur), César. Cette diphtongue ne se rencontre que dans les mots tirés du grec ou du latin.

2° **Ai**, **ay**, se prononcent comme *ée* dans *fée*, quand elles portent l'accent. Ex. : *vai'n*, *pai'n*, *mai'd*, *trai'n*, *remai'n*, *afrai'd*, *fai'n*, *clai'm*, *pay*, *may*, *say*, *stay*.

Ai, a le son de *ai* du mot français *faire*, dans les syllabes accentuées et devant *r*. Ex. : *chair*, *repair*, *pair*.

Dans les syllabes finales non accentuées, *ai* prend le son de *e* faible. Ex. : *certain* (ceur'tenn); *mountain* (maoun'tenn), certain; montagne.

3° **Ao**. Cette diphtongue ne se trouve que dans le seul mot *gaol*, prison, qui s'écrit aussi *jail*, et se prononce *djé'le*.

Dans tous les autres mots où ces deux voyelles se rencontrent, elles se prononcent séparément, conformément aux règles distinctes de l'*a* et de l'*o*.

4° **Au** et **Aw**. Ces deux diphtongues ont généralement le son ouvert de l'*o* dans le mot français *nord*, en prolongeant un peu ce son.

Ex. : *daughter* (dò'teur), fille; *because* (bi cò-ze), parce que; *caught*, (cò'te), attrapé; *law* (lò), loi; *saw* (sò), parfait de *to see*, voir; etc.

35 NOMBRES. — NUM'BERS

One	(*oueun*),	1.	**Six**	(*sics*),	6.
Two	(*tou*),	2.	**Seven**	(*sev'n*),	7.
Three	(*thri*),	3.	**Eight**	(*é'te*),	8.
Four	(*faur*)	4.	**Nine**	(*naï-ne*),	9.
Five	(*fai've*)	5.	**Ten**	(*tenn'*),	10.

Eleven	(*ilev'n*)	11.	**Sixteen**	(*six'tine*),	16.
Twelve	(*touel've*)	12.	**Seventeen**	(*sev'n'tine*),	17.
Thirteen	(*theur'tine*),	13.	**Eighteen**	(*é'tine*),	18.
Fourteen	(*faur'tine*),	14.	**Nineteen**	(*naï'netine*),	19.
Fifteen	(*fif'tine*),	15.	**Twenty**	(*touen'té*),	20.

Twen'ty-one,	**twenty-two,**	**twenty-three,** etc.	21, 22, 23, etc.
Thirty,	*thirty-one,*	*thirty-two,* etc.	30, 31, 32, etc.
For'ty,	*forty-one,*	*forty-two,* etc.	40, 41, 42, etc.
Fif'ty,	*fifty-one,*	*fifty-two,* etc.	50, 51, 52, etc.
Six'ty.	*sixty-one,*	*sixty-two,* etc.	60, 61, 62, etc.
Seventy,	*seventy-one,*	*seventy-two,* etc.	70, 71, 72, etc.
Eighty,	*eighty-one,*	*eighty-two,* etc.	80, 81, 82, etc.
Ni'nety.	*naïnet-y-one,*	*naïnety-two,* etc.	90, 91, 92, etc.

A Hundred, cent; **A Thousand** (*thaou'zand*), mille.

A mil'lion, *million.*

Ti'me (*taï-me*), fois; *four times six are,* 4 fois 6 font...

36. — Remarque. 1° Pour former les nombres de la deuxième dizaine, de 13 à 19, on ajoute au mot radical de la première dizaine, le suffixe *teen,* qui n'est autre que *ten,* dix. De même qu'en français on dit dix-sept, dix-huit, dix-neuf, c'est-à-dire dix plus sept, dix plus huit, etc., de même on dit en anglais, trois (et) dix 13, quatre (et) dix, 14, sept (et) dix dix-sept, etc.

2° Pour former les dizaines de 20 à 90, on ajoute le suffixe *ty, twenty, thirty, forty,* etc.

3° On dit *twenty-one,* vingt-un, *thirty-one,* trente-un; et non vingt *et* un, trente *et* un.

On dit aussi quelquefois : *one-and-twenty, one-and-thirty,* 21, 31; mais cette inversion ne se fait guère que jusqu'à 60, *sixty.*

4° Après les nombres cent, mille, dix-mille, etc., on met *and,* et, si ces nombres sont suivis d'un autre nombre *inférieur à cent.* Ex. :

A hundred **and** *twenty,* cent (et) vingt, 120.
A thousand **and** *forty-four,* mille et quarante-quatre.
One thousand eight hundred **and** *ninety,* 1890.

Pour les années, on peut aussi dire comme en français, dix-huit cents, au lieu de mil huit cents. Ex. : *eighteen hundred and ninety-one,* 1891.

37 Conjugaison interrogative

Pour conjuguer un verbe interrogativement, on se sert des mêmes auxiliaires que pour la conjugaison négative que nous avons étudiée dans la leçon précédente, c'est-à-dire que l'on emploie :

Do, pour le présent de l'indicatif.

Did, pour le parfait.

Shall et *will*, pour le futur.

Should et *would*, pour le conditionnel.

To have et *to be*, pour les temps composés.

ORDRE DES MOTS : Les mots ne sont pas placés dans le même ordre que dans la conjugaison négative.

Quand on interroge, on commence par l'auxiliaire, puis vient le sujet, enfin le verbe; c'est-à-dire que l'auxiliaire, quel qu'il soit, occupe en anglais, la place occupée en français par l'expression interrogative *est-ce que*, qui n'existe pas en anglais.

1	2	3
Do (mot à mot) *Fais* Est-ce que	**I** *je* j	**Call** (l'action) *d'appeler* appelle
Did (mot à mot) *Fis* Est-ce que	**I** *je* j'	**Call** (l'action) *d'appeler* appelai
Shall Est-ce que	**I** j'	**Call** appelerai, etc.

INDICATIF

Présent

Do I call?	Est-ce que j'appelle ou appelé-je?
Dost thou call?	Est-ce que tu appelles ou appelles-tu?
Does he call?	Est-ce qu'il appelle ou appelle-t-il?
Do we call?	Est-ce que nous appelons ou appelons-nous?
Do you call?	Appelez-vous?
Do they call?	Appellent-ils? ou appellent-elles?

Parfait

Did I call?	Est-ce que j'appelai? ou appelai-je?	
Didst thou call?	—	appelas-tu?
Did he call?	—	appela-t-il?
Did we call?	—	appelâmes-nous?
Did you call?	—	appelâtes-vous?
Did they call?	—	appelèrent-ils?

FUTUR

Shall I call?	Est-ce que j'appellerai? ou appellerai-je?	
Shalt thou call?	—	appelleras-tu?
Will he call?	—	appellera-t-il?
Shall we call?	—	appellerons-nous?
Shall you call?	—	appellerez-vous?
Will they call?	—	appelleront-ils?

CONDITIONNEL

Should I call!	Est-ce que j'appellerais?
Shouldst thou call?	Appellerais-tu?
Would he call?	Appellerait-il?
Should we call?	Appellerions-nous?
Should you call?	Appelleriez-vous?
Would they call?	Appelleraient-ils?

Remarquez qu'au furtur et au conditionnel, on emploie l'auxiliare *shall* et *should* au lieu de *will* et *would* aux *deuxièmes* personnes du singulier et du pluriel.

Temps composés

1° Verbe *to have* avec le participe passé

PASSÉ INDÉFINI

Have I called?	Ai-je appelé?
Hast thou called?	As-tu appelé?
Has he called? etc.	A-t-il appelé, etc.

Voyez la conjugaison du verbe avoir, *to have*, n° 12, page 17.

PASSÉ ANTÉRIEUR ET PLUS-QUE-PARFAIT

Had I called, etc.	Avais-je appelé? etc.

FUTUR ANTÉRIEUR

Shall I have called? etc.	Aurai-je appelé? etc.

CONDITIONNEL PASSÉ

Should I have called? etc.	Aurais-je appelé? etc.

2° Verbe auxiliaire *to be* et le participe présent

PRÉSENT DE L'INDICATIF

Am I calling?	Est-ce que j'appelle (en ce moment).
Is he calling? etc.	Est-ce qu'il appelle (en ce moment).

IMPARFAIT

Was I calling?	Est-ce que j'appelais?
Was he calling? etc.	Est-ce qu'il appelait? etc.

Voir les numéros **24** et **25**, temps d'actualité et de simultanéité.

VERSION

Two and five are seven. — They were forty-two in that room. — Five times six are thirty. — She has three brothers and two sisters. — They are nine in that family. — Will you buy me six chairs and one sofa? — I shall light the two candles of our bedroom. — Buy me, if you please, five stamps; I shall write five letters. — I have received eight letters with ten P. O. O. — Shall you go to bed early? — Sit down here on that chair. — Four times seven are twenty eight. — Six and four are ten. — Did you put out the candle? — Would you rest on that bed? — Have you closed the door of your bedroom? — Have you swept the dining-room? — No, I have not swept it.

THÈME

Un, deux, trois, quatre. — Trois fois quatre font douze. — Six et trois font neuf. — Cinq fois sept font trente-cinq. — Huit fois neuf font soixante-douze. — Quarante-deux et neuf font cinquante et un. — J'ai reçu un mandat-poste. — J'écrirai deux lettres. — Ecrivez-vous à (*to*) votre mère? — A-t-elle reçu votre lettre? — Où est votre bureau? — Ce pupitre est trop petit. — Votre chambre est trop grande. — Nous avons deux cousins ici. — Avez-vous un frère? — J'ai deux frères et trois sœurs. — Voulez-vous (vous) (1) reposer sur ce canapé. — Avez-vous éteint la bougie? — Asseyez-(vous) là. — Avez-vous balayé la cuisine ? — A-t-elle fermé la porte du salon? — Voulez-vous me donner une allumette (pour) allumer la lampe? — Douze, treize, quatorze, quinze. — Vingt-et-un. — Deux cent vingt. — Mille trois cent quatre-vingts hommes. — Mil huit cent quatre-vingt-onze.

EXPRESSIONS COMMERCIALES

Mail (*mée'le*), courrier, malle ou valise pour le transport des lettres.
For'eign mail (*for'inn*), malle pour l'étranger.
In'dia mail, malle des Indes.
To **convey'** the mail, transporter les dépêches.
Mail-coach (*kô'tche*), malle-poste.
Mail-train, train qui transporte les dépêches.
A **par'cel**, un paquet.
To make up into a parcel, mettre en paquet.
To **for'ward** a parcel to..., expédier un paquet à...
To **send** a parcel to..., envoyer un paquet à...
Bill of parcels, facture (liste des paquets).
In'voice (*inn'voïce*), facture.
To **in'voice**, facturer.
Fac'tor, facteur, agent commercial chargé de vendre des marchandises.
Consignee (*conn'saïni'* ou *conn'sini'*), consignataire.
A correspondent, un correspondant.
To correspond with..., correspondre avec...
To write to..., écrire à...

(1) Les mots entre parenthèses ne se traduisent pas dans les thèmes.

To send a letter to..., envoyer une lettre à...
To keep up a correspondence with... } Entretenir une correspondance,
To hold a correspondence with... } avoir des relations avec...

Dans la correspondance commerciale, on emploie très souvent le mot fa'vour dans le sens de *lettre* et aussi de *commande*.
Ex. : *We du'ly received your favour...* Nous avons (dûment) reçu votre lettre.

Your favours will be attended to... littéralement : vos faveurs, (c'est-à-dire) les commandes dont vous avez bien voulu nous favoriser, seront soignées. On soignera vos commandes...

CONVERSATION

Where is your brother?	He is in the room.
Have you received a P.O.O,?	Yes, I have and two letters.
Has he sent the invoice?	No, he has sent the parcel.
Has she forwarded the parcel to her father?	Yes, she has.
Will you write to him?	No, I will not.
Have you two bedrooms in your house?	We have four bedrooms and a dining-room.
Where was he?	He was in the kitchen.

REMARQUE. — On se sert dans la réponse, des auxiliaires employés dans la question. *Have-you?* Rép. *I have ; Will you*, rép. *I will*, etc.

Sixième leçon. — Sixth lesson.

38 PRONONCIATION. — *Etude des diphtongues.*

E combiné avec les autres voyelles, forme les diphtongues suivants :

Ea, eau, ee, ei, eo, eou, eu, ew, ewe, ey, eye.

Nous n'étudierons dans cette leçon, que la première, la plus difficile de toutes.

EA

1° **Ea** = **i**. Le son le plus ordinaire de la diphtongue **ea**, est le son long de l'*i* du mot français *gîte*.

Ex. : **to eat** (*ite*), manger ; **to speak** (*spike*), parler.

2° **Ea** = **e**. **Ea** a le son bref français du mot *belle* dans une soixantaine de mots.

Ex. : **Breast** (*brest*), poitrine; **bread** (*bred*), pain; **death** (*deth*), mort; **ready** (*red'é*), prêt.

3° **Ea** se prononce comme *ai* de *faire* dans les sept mots suivants et leurs dérivés :

To bear, porter; **bear**, ours; **to forbear**, s'abstenir; **to swear**, jurer; **pear**, poire: **to tear**, déchirer; **to wear**, porter (un vêtement), user.

4° **Ea** se prononce comme *é* en français dans **great** (gré'te), grand; **to break** (bréke), briser; **steak** (stéke), tranche (de viande).

5° Lorsque la diphtongue **ea** est suivie de *r* et d'une autre consonne dans la même syllabe, elle a souvent le son guttural de *eu*. (Voir le tableau, page 13, 3e colonne).

6° Dans les trois mots suivants : **Heart**, cœur; **hearth**, foyer; **to hearken**, écouter, et leurs dérivés, la diphtongue **ea** a le son de l'*â* français, c'est-à-dire que l'*e* ne se prononce pas. Prononcez donc *hârt*, *hârth*, *hârken*.

7° Dans les mots suivants, **ea** ne forme pas une diphtongue; chaque lettre se prononce séparément :

To Create (*crié'te*), créer; **creator** (*crié-teur*), créateur; **creation** (*crié-sheune*), création; mais **creature** se prononce *cri'tsheur*. **Theatre** (*thiateur*), théâtre, etc.

EAU se prononce *iou* dans **beauty** (*bioutê*), beauté, et ses dérivés : **beauteous** (*biou'tieuss*), **beautiful** (*biou'tifoul*), beau; **beautify** (*biou'tifaï*), embellir.

Le mot **beau**, élégant, petit-maître, se prononce *bô*.

39 NOMBRES ORDINAUX — ORDINAL NUMBERS

Les nombres ordinaux servent à marquer l'ordre ou le rang.

En français, les nombres ordinaux sont presque tous formés des nombres cardinaux, par l'addition de la terminaison *ième*. Ex. : **trois**, **troisième**,

En anglais, on ajoute **th** au nombre cardinal, sauf pour les *trois* premiers nombres.

First, 1^{rst}	*(feurst)*,	premier.
Second, 2nd	*(sek'eund)*,	deuxième.
Third, 3rd	*(theurd)*,	troisième.
Fourth, 4th	*(forth)*,	quatrième.
Fifth, 5th	*(fif'th)*.	cinquième.
Sixth, 6th	*(sixth)*,	sixième.
Seventh, 7th	*sev'enth)*,	septième.
Eighth, 8th	*(é'th)*,	huitième.
Ninth, 9th	*(naïn'th)*,	neuvième.
Tenth, 10th	*(ten'th)*,	dixième,
Eleventh	*(é'-lev'nth)*,	onzième.
Twelfth	*(touelfth)*,	douzième,
Thirteenth	*(theur'tinth)*,	treizième.
Fourteenth	*(fortinth)*,	quatorzième.
Fifteenth	*(fiftinth)*,	quinzième,
Sixteenth	*(six'tinth)*,	seizième.
Seventeenth	*(sev'ntinth)*,	dix-septième.
Eighteenth	*(e'tinth)*,	dix-huitième.
Nineteenth	*(naïne'tinth)*,	dix-neuvième.
Twentieth	*(touen'tieth)*,	vingtième.
Twenty-first.		vingt-et-unième.
Twenty-second, etc.		vingt-deuxième.
Thirtieth; thirty-first.		trentième; trente-et-unième.
Fortieth; forty-first.		quarantième; quarante-et-unième.
Fiftieth, etc.		cinquantième.
Sixtieth, etc.		soixantième.
Seventieth.		soixante-dixième.
Eightieth.		quatrevingtième.
Ninetieth.		quatre-vingt-dixième.
Hundredth.		centième.
Thousandth.		millième.
Millionth.		millionième.

Remarque. 1° Outre les trois premiers nombres qui ne sont pas formés régulièrement du nombre cardinal correspondant, il faut remarquer qu'on écrit **fifth** de **five**; qu'on ajoute seulement une **h** à **eight** pour former **eighth**; qu'on forme **ninth** de **nine, twelfth,** de **twelve,** et que dans les dizaines, l'*y* final se change en *te*. Ex. : *twenty, twentieth.*

2° Dans les nombres composés, comme *vingt-deux, trente-quatre*, etc., c'est le dernier seul qui est ordinal, comme en français. On dit donc *twenty-second, thirty-fourth*, etc.

3° Les nombres ordinaux s'emploient pour les *dates*, la *succession* des monarques du même nom, et la division d'un ouvrage.

Pour les numéros et pour les années dans l'ordre chronologique, on se sert du nombre cardinal. Ex. :

The tenth of May,	le dix mai (dixième).
Charles the Second,	Charles II (le deuxième).
Chapter the sixth,	Chapitre VI (le sixième)
Number thirty-four,	numéro 34.

One thousand eight hundred and ninety-one, 1891.

40 NOMBRES MULTIPLICATIFS

Les nombres multiplicatifs sont **once** (*oueun'ce*), une fois; **twice** (*touaï'ce*), deux fois; **thrice** ou **three times**, trois fois. Après *trois*, on se sert du nombre cardinal et du mot **times** (*taïmz*), fois. Ex. : *four times, five times*, quatre fois, cinq fois, etc.

On se sert aussi parfois du mot *fold*, pli, au lieu de *times*. Ex. : *twofold, threefold.*

On dit aussi **double** (*deub'l*), double; **triple** (*trip'p'l*), triple; **quadruple** (*couod'roup'l*); **centuple** (*cenn'tioup'l*), etc.

41 NOMBRES FRACTIONNAIRES

Les nombres qui servent à désigner les parties ou fractions d'un tout sont : **The half** (*hâfe*), la moitié; **third**, tiers; **quarter** (*couort'eur*), quart, etc.

Remarque. Ces derniers nombres sont de véritables substantifs, et peuvent prendre la marque du pluriel.

Les autres nombres cardinaux ou ordinaux sont adjectifs et par conséquent restent invariables, excepté *million*, qui prend une *s* dans certains cas, et doit alors être suivi de la préposition *of*, de. Ex. :

France contains thirty-eight millions of inhabitants.
La France renferme trente-huit millions d'habitants.

Les mots *hundred* et *thousand* prennent aussi la marque du pluriel, lorsqu'ils sont employés dans le sens de *centaines* et de *milliers*.

42 De l'adjectif qualificatif

En anglais, l'adjectif qualificatif est invariable et se place presque toujours *avant* le substantif. Ex. :

Un cheval noir,	**a black horse** (un noir cheval).
Un vin excellent,	**an excellent wine.**

Il se place *après* le nom :

1° Quand il est employé comme surnom. Ex. :

Alexander the Great, Alexandre le Grand.

2° Quand il est suivi d'un complément dont il ne peut se séparer.

Ex. : Un jardin plein de fleurs, **a garden full of flowers**

3° Quand il y a plusieurs adjectifs de suite, on les place tantôt avant, tantôt après le nom; c'est le goût et l'oreille qui décident.

Ex. : **a good just and affable man,** ou **a man good, just and affable.**
Un homme bon, juste et affable,

4° Quand l'adjectif est employé comme attribut, et qu'il sert à développer le sens du complément du verbe.

Ex. : **We call vinegar sour, honey sweet, aloes bitter :**
Nous appelons le vinaigre aigre, le miel doux, l'aloès amer.

5° Certains adjectifs qui ont la force d'un participe sans en avoir la forme, et entrent dans la composition d'expressions d'origine française, ce qui explique leur position. Ex. :

The queen regnant,	la reine régnante.
The heir apparent,	l'héritier certain, incontestable.
The heir presumptive,	l'héritier présomptif.

43 MOTS USUELS

6° *Vocabulaire.*

The **di'ning-room,**		la salle à manger.
The **cup'**board	(*keub'beurd*),	le buffet, dressoir.
Si'de-board	(*saï'de-bórd*),	buffet (de cuisine),

Ta'ble	*(tée'b'l)*,	table.
Ta'ble-cloth	*(tée'b'l clôth)*,	nappe.
Nap'kin	*(nap'kinn)*,	serviette.
Dish, *plur.* **dishes**	*(dich, di'chiz)*,	plat, plats.
Pla'te	*(plée-te)*,	assiette.
Spoon	*(spoune')*,	cuiller.
Ta'ble-spoon,		cuiller à bouche.
Tea-spoon	*(ti-s'poune')*,	cuillèr à café (à thé).
La'dle	*(lée-d'le)*,	grande cuiller (à potage).
Fork'	*(forke)*.	fourchette,
Kni'fe, *plur.* **kni'ves**	*(naï-fe)*,	couteau, couteaux.
Car'ving-knife,		couteau à découper.
Glass, *plur,* **glasses**	*(glassiz)*,	verre, verres.
Bot'tle	*(bott'l)*,	bouteille.
Cork'screw	*(cork'scrou)*,	tire-bouchon.
Decan'ter	*(decann'teur)*,	carafe.
Tray	*(tré)*,	plateau.
Sâlt	*(saùlt)*,	sel.
Salt-cellar	*(saùlt'celeur)*,	salière.
Pep'per	*(pep'eur)*,	poivre.
Pep'per-box	*(pep'eur-bòcs)*,	poivrière.
Sal'ad-bowl	*(sal'ad-bol)*,	saladier.
Cup'	*(keup')*,	coupe, tasse.
Sau'cer	*(sau'ceur)*,	soucoupe.
Cof'fee-pot	*(cof'fi-pot)*,	cafetière.
Tea'-pot	*(Ti-pot)*,	théière.

ADJECTIFS — ADJECTIVES

Clean'	*(cline)*,	propre.
Dir'ty	*(deur'té)*,	malpropre.
Sharp'	*(char'p)*,	tranchant, affilé.
Blunt'	*(bleun'te)*,	émoussé.
Full'of	*(foul')*,	plein de...
Empty	*(emm'pté)*,	vide.

VERBES — VERBS

To lay the cloth,		mettre la nappe.
To remove the cloth	*(ri-mouve)*,	enlever la nappe, desservir
To clean'	*(cline)*,	nettoyer.

To **dust'**	*(deust')*,	épousseter.
To **wi'pe**	*(ouaï'pe)*,	essuyer.
To **ta'ke away'**	*(tée'ke aoué)*,	desservir, emporter.
Give me	*(guive mi)*,	donnez-moi.
Lend me	*(lend'mi)*,	prêtez-moi.

It, le, la, ceci. **Them**, les, eux elles.
on, **upon**, sur. **Under**, sous.

SIXIÈME VERSION — SIXTH TRANSLATION

He is the sixth and I am the eighth. — My brother was the twelfth. — Her sister will be the fifteenth. — Our nephew would be the twentieth. — Once, twice. — Three times six are eighteen. — She is on the third seat. — The third of that house. — One half of that room. — Three quarters. — Four fifths. — England (l'Angleterre) contains thirty five millions of inhabitants. — He has a black horse. — His christian name is William. — We have a good bed in our apartment. — They had a suite of apartments to let. — Where is the candle? — Here on the table of the dining-room. — My sister will lay the cloth. — Take away. — The lamp is dirty, wipe it. — That spoon is not clean, take it away. — My knive is not sharp, give me the carving-knife. — Lock the cupboard, it is open. — I have not the key. — Where is it? — In the sideboard of the kitchen. — Clean that coffee-pot. — Our bottle is full. — She will dust the dining-room. — The dishes are on the table. — Where is my napkin? — Here, under the chair. — Her servant would remove the cloth. — Give me a plate, please (s'il vous plaît). — Lend me your corkscrew.

SIXIÈME THÈME — SIXTH EXERCISE

Il sera le cinquième et vous serez le neuvième. — Mon cousin était le trentième. — Donnez-moi les trois quarts de ces assiettes. — Prêtez-moi la moitié de vos cuillers. — La poivrière n'est pas sur la table. — Appelez la servante, elle essuiera le plateau. — La carafe est pleine. — Les verres sont dans le buffet. — Où sont les cuillers à café? — Dans la cuisine. — Elle enlèvera la nappe. — Vos couteaux sont émoussés. — Ce saladier n'est pas propre, essuyez-le. — La théière est vide, emportez-la. — Donnez-moi la salière et la fourchette. — Où est la soucoupe? — Ici, dans le buffet de la cuisine. — Ouvrez la porte de la salle à manger. — Donnez-moi une chaise. — Fermez la fenêtre et sonnez. — J'ai loué une chambre meublée dans cette maison. — Avez-vous une veilleuse. — Oui, elle est sur la table de nuit. — Donnez-moi une allumette, s'il vous plaît.

EXPRESSIONS COMMERCIALES

Firm ou commercial house,	maison de commerce.
Warehouse,	magasin, entrepôt.
In hand, in store,	en magasin.
Warehouse-rent,	droit de magasinage.
Shop,	boutique.
To keep a shop,	tenir boutique.
Shop-keeper,	boutiquier.
Shop-book,	livre de commerce, brouillon.
Cash,	caisse.
Cash-book,	livre de caisse.
Cash-account,	compte de caisse.
Cash-keeper ou **cashier,**	caissier.
Cash-credit,	crédit (ouvert chez un banquier).
A clerk (*clärk*).	commis aux écritures.

CONVERSATION

Has she dusted the table?	A-t-elle épousseté la table?
Give me that carving-knife.	Donnez-moi ce couteau à découper.
Will you take this glass?	Voulez-vous prendre ce verre?
Yes, give it me with that cup.	Oui, donnez-le moi avec cette tasse.
Where is my napkin?	Où est ma serviette?
Here in the cupboard.	Ici, dans le buffet.
Where is your warehouse?	Où est votre magasin?
In Regent-Street.	Dans *Regent-street.*
Take away!	Desservez!
Have you a clerk?	Avez-vous un commis?
I have two clerks.	J'ai deux commis

44 Septième leçon. — Seventh lesson

PRONONCIATION. — *Suite des diphtongues.*

E combiné avec les autres voyelles. (Voir n° 38).

EE a le son long alphabétique de l'e simple (i).

Cheese (*tchi-ze*), fromage. **To meet** (*mi-te*), rencontrer.

EI

1° Dans une syllabe accentuée, **EI** a généralement le son de *ée* du français *fée*.

Ex. : **Deign** (*dé'ne*), daigner. **To reign** (*ré'ne*), régner.
Neighbour (*née-beur*) voisin.

Devant *r*, cette diphtongue a le son ouvert du français *crêpe*.

Ex. : **Their, theirs,** leur, le leur.

2° Dans les deux mots **either**, l'un ou l'autre; **neither**, ni l'un ni l'autre, *ei* se prononce tantôt *i* long, tantôt *aï*, mais le premier son (i long) est plus commun, *ni-ther*, *i-ther*.

3° Dans **height**, hauteur; **to heighten**, rehausser; **sleight**, tour d'adresse, *ei* a le son de *aï*, *haï'te*, *slaï'te*.

4° Ei a le son d'i long (gîte) dans les mots suivants : **to ceil**, plafonner; **ceiling**, plafond; **conceit**, conception; **to conceive**, concevoir; **deceit**, déception; **deceive**, décevoir; **receipt**, réception, reçu; **to receive**, recevoir; **to perceive**, apercevoir; **leisure**, loisir, qui se prononce aussi *lé-jeur*.

5° **EI** a le son bref de l'*i* du français *nid*, dans les syllabes *non accentuées* des mots suivants : **Foreign** (*for'inn*), étranger; **sovereign** (*sov'rinn*), souverain; **counterfeit** (*caoun'teurfitt*), contrefaire; **forfeit** (*for'fitt*), confiscation, et leurs dérivés.

EO

EO. — Cette diphtongue, peu usitée, a une prononciation très irrégulière.

1° Elle a le son long de l'i français dans **people**, gens.

2° Le son bref du français *net* dans *leopard*, léopard, et **jeopardy** (*djé-peurdé*), danger.

3° Le son de *iou* dans **feodal, feodatory,** féodal, feudataire, qui s'écrivent aussi **feudal, feudatory.**

4° A le son sourd d'*eu* faible dans les terminaisons non accentuées en *geon.*

Ex. : **Gudgeon,** *gueudjeun*, goujon ; **bludgeon,** *bleudjeun*, gourdin ; **dungeon,** cachot; **surgeon,** *seurdjeun*, chirurgien, etc.

5° Dans le mot *yeoman*, propriétaire; officier de la maison du roi, etc., *eo* se prononce *ô* long, *yô-mann.*

45 GRAMMAIRE

ARTICLE PARTITIF. — *De, du, de la, des, un peu de, quelque, en.*

Quand ces mots ont un sens *partitif*, c'est-à-dire quand ils ne désignent qu'une partie, une petite quantité, ils se traduisent par **some,** si l'idée de la phrase est affirmative, et par *any*, si l'idée est négative, dubitative ou interrogative.

Ex. : J'ai du pain (un peu de).	I have **some** bread.
Je n'ai pas de pain.	I have not **any** bread.
A-t-il du pain?	Has he **any** bread?

Mais quand on offre quelque chose, en employant une formule interrogative, si l'on s'attend à une réponse affirmative, il faut se servir de *some*, et non de *any*, parce que dans ces sortes de phrases, l'*idée* est affirmative.

Ex. : Will you take *some* bread? Voulez-vous prendre du pain?

Remarque. 1° Dans les phrases négatives, au lieu de **not any,** on emploie souvent **no,** nul, aucun, pas de,

Ex. : I have **not any** bread ou **no** bread, je n'ai pas de pain.
He has **not any** books ou **no** books, il n'a pas de livres.

2° Quand *du, de la, des* n'ont pas le sens *partitif*, c'est-à-dire quand ils ne signifient pas *un peu de*, qu'ils ont un sens vague, et indiquent une quantité quelconque, indéterminée, ils ne se traduisent pas.

Ex. : Cet homme vend *du* beurre et des œufs (une quantité indéterminée, parce qu'il est marchand : *This man sells butter and eggs.*

Un écolier, par exemple, dira qu'il a *some pens*, des plumes, quelques plumes, tandis qu'un papetier vend (des) plumes, *sells pens.*

46 Comparatifs et Superlatifs

1° Comparatif de *supériorité*.

Si l'adjectif n'a qu'une syllabe, on ajoute *er* au positif, ou seulement *r* quand le radical se termine par un *e* muet.

Ex. : **Great**, grand. **Greater**, plus grand. **Fine**, beau. **Finer**, plus beau.

Si l'adjectif a plusieurs syllabes, on traduit *plus* par **more**.

Ex. : **beautiful**, beau; **more beautiful**, plus beau.

2° On suit les mêmes règles pour former le *superlatif;*
On ajoute au radical *est* ou *st*, si l'adjectif n'a qu'une syllabe;
On traduit *le plus* par **the most**, si l'adjectif a plusieurs syllabes.

Ex. : **The greatest**, le plus grand; **the finest**, le plus beau; **the most beautiful**, le plus beau.

3° Comparatif d'*infériorité*.
Ce comparatif se forme en traduisant *moins* par *less*.

Ex. : **Less happy**, moins heureux

Remarque. Le *que* qui suit les comparatifs de supériorité ou d'infériorité, se traduit toujours par *than*.

Ex. : **Greater than....** plus grand que...
Less happy than... moins heureux que...

COMPARATIF D'ÉGALITÉ

Le comparatif d'égalité, formé en français, à l'aide des mots *aussi* et *que*, se fait en anglais avec les mots **as... as**, si la phrase est affirmative, **not so... as**. si elle est négative.

Ex. : Elle est aussi riche que lui — *she is* **as** *rich* **as** *he* (*is*).
Elle n'est pas aussi riche que lui. — *she is* **not so** *rich* **as** *he* (*is*))

SUPERLATIF ABSOLU

Les mots *très*, *fort*, *bien*, devant les adjectifs, se traduisent par **very**.

Ex. : *very good*, très bon; *very young*, très jeune.

Mais devant les participes passés, il faut employer **much** ou **very much,** beaucoup.

Ex. : Il est très estimé. He is **much** ou **very much** esteemed.

On se sert aussi quelquefois des mots **mighty,** fort, extrêmement, **extremely, exceedingly, most,** etc., extrêmement, excessivement, très, fort, etc.

Tableau des comparatifs et des superlatifs irréguliers.

Un certain nombre d'adjectifs et d'adverbes ont un comparatif et un superlatif irréguliers, ce sont :

POSITIF		COMPARATIF		SUPERLATIF
Good,	*bon.*	**Better,**	*meilleur.*	**The best,** *le meilleur.*
Well,	*bien.*	**Better,**	—	**The best,** —
Bad,	*mal.*	**Worse,**	*pire.*	**The worst,** *le pire.*
Ill, evil,	*mauvais.*	**Worse,**	*plus mauvais.*	**The worst,** le plus mauvais.
Little,	*petit, peu.*	**Less,**	*moins.*	**The least,** *le moindre.*
Much,	*beaucoup.*	**More,**	*plus.*	**The most,** *le plus.*
Many,	—	**More,**	—	**The most,** —
Far,	*loin.*	**Farther,**	*plus loin.*	**The farthest,** *le plus loin*
Near,	*près de.*	**Nearer,**	*plus près.*	**Nearest,** *le plus près,* **Next,** *le plus proche.*

47 **MOTS USUELS**

Food	*(foud'),*	nourriture, aliments.
Flesh	*(flèche),*	chair.
Meat	*(mi-te),*	viande.
Roastmeat	*(rôst-mite),*	viande rôtie, rôti.
Beef	*(bife),*	bœuf.
Beefsteak	*(bifsteck),*	biftéck **steak,** (tranche).
Roastbeef	*(rósbif),*	rosbif.
Veal	*(vile),*	veau.
Veal-cutlet	*(vile-keut'lett),*	côtelette de veau.

Mutton	*(meut't'n)),*	mouton.
Mutton-chop	*(tchopp),*	côtelette de mouton.
A leg of mutton		un gigot, **leg**, patte.
Lamb	*(lamm),*	agneau.
Pork	*(pork),*	porc.
Pork-chop	»	côtelette de porc.
Ba'con	*(bée-keune),*	lard.
Ham	*(hamm),*	jambon.
Sausage	*(saù-sedje),*	saucisse.
A sli'ce	*(slaï-ce),*	tranche.
Pie	*(païe),*	pâté.
Saûce	*(sau'ce),*	sauce.
Gra'vy	*(grée-vé),*	jus.
Bread	*(bred'),*	pain.
A loaf, *plur.* **loaves**	*lô-fe, lô-v'z),*	un pain, une miche.
A roll	*(rôle),*	petit pain.
A toast	*(tô-ste).*	rôtie; toast, santé.
But'ter	*(beut'eur),*	beurre.
Sug'ar	*(choug'ueur),*	sucre.
A loaf of sugar	»	un pain de sucre.
A meal	*(mi-le),*	repas.
Break'fast	*(brek'faste),*	déjeuner (subst.).
To breakfast	»	déjeuner (verbe).
Din'ner	*(dinn'eur),*	dîner (subst.).
To di'ne	*(daï-ne).*	dîner (verbe).
Lunch, luncheon	*(leuntch, leuntcheune)*	goûter.
Sup'per	*(seup'eur),*	souper (subst.).
To sup'	*(seup'),*	souper (verbe.
To feed, fed, fed	*(fide, fed'),*	nourrir; se nourrir.
To ba'ke	*(bée-ke),*	cuire (au four).
To eat, a'te, eaten.	*(i-te, ée-te, i-t'n).*	manger.
To dress	*(dresse),*	préparer, assaisonner.
To cook	*(couk),*	faire cuire, préparer.
To car've	*(câr-ve),*	découper.
To salt; salt	*(sâlt),*	saler; sel.
To pep'per; pep'per	*(pep'eur),*	poivrer; poivre.

ADJECTIFS

Fresh	*(freshe),*	frais.
Raw	*(raù),*	cru.
Well-done	*(ouel'deune),*	bien cuit.

Under-done	(*eunder-deune*),	pas trop cuit ; saignant.
Fat	(*fatt'*),	gras.
Lean	(*line*),	maigre.

VERSION 6.

Much	(*meutch*, sing.),	beaucoup de...
Many	(*men'é*, pluriel),	beaucoup de...
A great deal of...	(*dile*),	beaucoup de...quantité de..
A little or **some**	(*lit't'l, seum'*),	un peu de...
What?	(*houott'*),	quoi, que, quelle chose?
How?	(*ha'ou*),	comment?
To li'ke.	(*laï-ke*),	aimer; trouver à son goût.
To ta'ke.	(*tée-ke*),	prendre.

His brother likes to eat some meat at his breakfast. — Our supper was very good. — What have you for your dinner? — We have a leg of mutton. — I do not like that sauce. — How do you like this lamb? — I do not like it very much; it is not well-done. — Give me some ham, if you please. — Many thanks (remerciements). — That meat is raw, it is not very fresh. — Will you take some beef? — No, thanks, I shall take a little of this veal with some gravy. — Our butter is not very fresh, I don't (*dön't* pour *do not*) like it. — Give me some more, please. — Your bread is very good; give me one of these rolls; I like them very much. — Will you take a slice of bread and butter? (une tartine, mot à mot, une tranche de pain et de beurre). — Will you take some salt and pepper? — Yes, give me some to salt and pepper that veal-cutlet. — Their food consists of (se compose de) flesh. — What will you take for your supper? — We shall take some bacon, a mutton-chop and a slice of bread and butter. — Your sugar is very good; it is better than this one (celui-ci). — He will bake our bread. — She would cook our meals. — These poor people (pauvres gens) have no bread, no meat, let us give them something (quelque chose) to eat. — Will you take a little more? — No, thanks.

THÈME 6.

Cette viande-là est meilleure que celle-ci. — Il est meilleur que son frère. — Le meilleur de tous, *of all*. — Elle est loin, très loin, plus loin que sa mère. — Où est-il? — Près (de) (1) la maison. — La maison la

1) Dans les thèmes, ne traduisez pas les mots entre parenthèses.

plus proche. — Avez-vous beaucoup de sucre? — Oui. — Voulez-vous prendre un peu de beurre? — Merci. — Cette viande n'est pas trop cuite; l'aimez-vous? — Oui, beaucoup. — Ils auront une côtelette de mouton et un peu de jambon pour leur souper. — Ce pâté n'est pas frais. — Donnez-moi un peu de sauce et de jus, s'il vous plaît. — Ce mouton (viande) est trop gras. — Ils ont eu un très bon goûter. — Nous déjeunerons avec eux, *with them.* — Voulez-vous prendre un bifteck? — Non, donnez-moi une tranche de ce rosbif. — Préparez ces côtelettes de mouton. — Mangeons un peu de ce pâté, il est *excellent.* — Aime-t-il ces petits pains? — Notre gigot de mouton est bien cuit. — Voulez-vous découper? — Oui, prêtez-moi le couteau à découper? — Le pain de sucre est sur la table de la cuisine. — Prenez-le et donnez-le moi. — Qu'avez-vous pour votre souper? — Nous avons du jambon, une côtelette de porc et un pâté. — Donnez un peu de pain à ce pauvre homme, *man;* il n'a rien, *nothing,* à manger.

EXPRESSIONS COMMERCIALES

Tra'de	*(tréede),*	commerce, négoce, trafic.
To tra'de	»	commercer, trafiquer.
A tra'der	*(trée-deur)*	un commerçant.
A tradesman	*(trée-dzmane),*	»
Tradespeople	*(trée-dzpi-p'l),*	les commerçants (*people,* gens).
The board of trade	*(bórde),*	le Conseil de commerce le Ministère du commerce.
Trade is dull	*(deul'),*	le commerce languit, *dull,* lent, languissant, peu animé.
Trade is brisk		le commerce va bien, *brisk,* vif, actif.
To **carry on** a trade		faire un commerce.
To **leave off** trade.		abandonner le commerce.
To **give up** trade		id., se retirer des affaires
To **trade in silk**		faire le commerce des soieries
To trade with...		faire des affaires avec..
Mon'ger	*(meun'gheur),*	trafiquant.

Ce mot ne s'emploie que dans les mots composés.

Fish-monger,		marchand de poisson (*fish* poisson).

Iron-monger	(*ai'eurn*),	quincailler (*iron*, fer).
To retail	(*ritée-le*),	vendre au détail.
A retailer	(*ritéeleur*),	un détaillant.
A pedler	(*ped'leur*),	un colporteur.
Auction	(*aük-cheune*),	encan.
Auctioneer	(*aük-cheuntre*),	commissaire-priseur.
Bro'ker	(*bro-keur*),	courtier.
A merchant	(*meur'tcheunt*),	marchand (en gros).
Merchandise	(*meur'cheundaïze*),	marchandises.
Commod'ity	(*commod'ité*),	marchandise.
Goods	(*goudz*),	»

CONVERSATION

Where do you live? (*liv*).	Où habitez-vous?
I live in London (*Leun'deun*).	J'habite à Londres.
Where do you come from?	D'où venez-vous?
I come from Liverpool.	Je viens de Liverpool.
Did you write to that merchant?	Avez-vous écrit à ce négociant?
Yes, I wrote to him yesterday.	Oui, je lui ai écrit hier.
Do you trade with this house?	Faites-vous des affaires avec cette maison.
Not now (*na'ou*).	Pas maintenant.
Will you accept these goods?	Voulez-vous accepter ces marchandises?
Is not trade very dull now?	Le commerce ne languit-il pas maintenant.
Yes, it is very dull.	Oui, il est très peu actif.
How do you like the sauce?	Comment trouvez-vous la sauce?
It is very good.	Elle est très bonne.
Will you cut the loaf?	Voulez-vous couper le pain?
Do you like that fish?	Aimez-vous ce poisson?
Not very much.	Pas beaucoup.

48 **Huitième leçon. — Eighth lesson**

PRONONCIATION DES DIPHTONGUES (*Suite*)

(Voir nos 38 et 44.)

EOU

Cette réunion de voyelles ne se rencontre que dans les syllabes non accentuées, principalement dans les terminaisons : elles ont le son sourd de *eu* ou de *teu.* : Ex. :

Cuta'neous	(*kioutè'nieuss*),	cutané.
Bauteous	(*bioutieuss*),	beau.
Righteous	(*raï'tcheuss*),	droit, juste.
In'stanta'neous	(*in'stannté-nieuss*),	instantané.

EU

EU se prononce généralement *iou;* **feud**, *floud*, querelle.
Précédée de *rh*, cette diphtongue se prononce *ou*.

Ex. : **Rheum, rheumatism** (*roum, roum'atizme*), rhume, rhumatisme.

EW

EW se prononce généralement *iou* : **Dew** (*diou*), rosée.
Excepté après les deux liquides *l* et *r* où l'on prononce *ou*.

Ex. : **Flew**, *flou*, parfait de **to fly**, voler, s'envoler
Grew, *grou*, parfait de to **grow**, croître.
Drew, *drou*, parfait de **to draw**, tirer.

EW se prononce ô long dans **to sew** (sô), coudre.

EWE

EWE ne se rencontre que dans le mot **ewe**, *iou*, brebis.

EY

EY a le son de *aï* dans *j'ai*, lorsque cette diphtongue fait partie d'une syllabe accentuée.

Ex. : **Grey**, gris; **prey**, proie.

Exceptions : **Key** (*ki*), clef; **ley** (*li*), prairie.

Dans les terminaisons non accentuées, **EY** prend le son final de l'*y* (son intermédiaire entre *é* et *i*, voir page 12, n° 2).

Ex. : **Valley**, vallée; **gal'ley**, galère; **mon'ey**, argent.

EYE

Cette triphthongue ne se trouve que dans le mot **eye**, œil, qu'on prononce *aïe*.

40. GRAMMAIRE.

Pluriels irréguliers. Particularités orthographiques communes aux noms, aux adjectifs et aux verbes

1° Certains noms, d'origine anglo-saxonne, ont conservé le pluriel anglo-saxon, soit en prenant la terminaison *en*, soit en subissant une modification dans la voyelle du radical. Ex. :

			PLURIEL	
Child	(*tchaï'lde*),	enfant,	**children**	(*tchil'dren*).
Die	(*daïe*),	dé à jouer,	**dice**	(*daï-ce*).
Louse	(*laou'ce*),	pou,	**lice**	(*laï-ce*).
Foot	(*fout'*),	pied,	**feet**	(*fi-te*).
Goose	(*gou'ce*),	oie,	**geese**	(*ghi-ce*).
Tooth	(*touth*),	dent,	**teeth**	(*ti-the*).
Man	(*mann'*),	homme,	**men**	(*menn*).
Woman	(*woumeun*),	femme,	**women**	(*oui'menn*).
Ox	(*oks*),	bœuf,	**oxen**	(*oks'enn*).
Mouse	(*maou'ce*),	souris,	**mice**	(*maï-ce*).
Penny	(*penn'é*)	sou (0 fr. 10),	**pence**	(*penn'ce*).

Ce dernier mot fait aussi *pennies*, au pluriel, dans le sens de pièces de deux sous ou décimes. Ainsi *six pence*, exprime la valeur de douze sous, en argent ou en cuivre, tandis que *six pennies* signifie six pièces de dix centimes.

2e Noms terminés en *f* ou *fe*.

Un certain nombre de mots terminés en *f* ou *fe* font leur pluriel en *ves*. Il y en a environ 14.

Calf	(*câfe*),	veau,	**calves**	(*câ-ves*).
Wolf	(*woulfe*),	loup,	**wolves**	(*woulves*).
Li'fe	(*laï-fe*),	vie,	**lives**	(*laï-vz*).
Wi'fe	(*ouaï-fe*),	épouse,	**wi'ves**	(*ouaï-vz*).

3e Certains substantifs n'ont pas de pluriel, particulièrement les noms abstraits, terminés en *ness* — *goodness*, bonté.

4e D'autres, au contraire, sont toujours au pluriel. Ce sont, en général, les noms qui désignent des objets composés de deux parties, comme *Pantaloons'*, pantalon; **drawers**, caleçon; **scissors**, ciseaux (siz-eurz), etc.

5e Mots terminés en *y*.

Les noms, les adjectifs et les verbes terminés en y *précédé d'une consonne*, changent cet *y* en *i* :

Au pluriel des noms;

Au comparatif et au superlatif des adjectifs;

A la 3e personne du singulier du présent de l'indicatif, au parfait et au participe passé des verbes. Exemples :

NOMS. — Pluriel en *i* plus *es* :

La'dy (*lée-dé*), dame; pluriel, **la'dies**.

ADJECTIFS

Dry (*draï*), sec, *comp.* drier, *sup.* dri'est.
Sly (*slaï*), rusé, » sli-er, » sli-est.

VERBES

To **try** (*traï*), essayer, 3e pers. He **tries**, *part.* **tried**.

Remarque. Ne confondez pas les mots terminés par *y précédé d'une consonne* avec les mots terminés par les diphtongues **ay**, **ey**, **oy**, **uy**.

Ces derniers suivent la règle commune. Ex. :

Day, jour, *pluriel* régulier, **days**, jours.
Boy, garçon, » » **boys**, garçons.
Gay, gai, *comp.* **Gayer**, *superl.* **gayest**.
Grey, gris, » **greyer**, » **greyest**.
To **play**, jouer; he **plays**, il joue; **I played**, je jouai.

6° *Noms et verbes terminés par une sifflante.*

Les substantifs terminés par une sifflante, c'est-à-dire par *s*, *ss*, *x*, *sh*, *ch* et *z*, prennent **es** au pluriel

Nous avons déjà vu, en effet, que l'*s* du pluriel devait toujours se prononcer. Il serait impossible de faire entendre cette *s* après l'une des consonnes finales énoncées ci-dessus; on ajoute donc *es*, qui forment une syllabe de plus non accentuée.

Ex. : **Fox**, renard, *pluriel*, **foxes** (*foksiz*).
Glass, verre, » **glasses** (*glassiz*).
Büsh, buisson, » **büshes** (*bouchiz*).

Il en est de même pour la 3e personne du singulier du présent de l'indicatif des verbes terminés par une sifflante.

To **fix**, fixer, he **fixes** (*hi fiksiz*).
To **pass**, passer, he **passes** (hi *passiz*).

7° Mots terminés en **o**.

Les noms terminés en **o** *long*, précédé d'une consonne, font également leur pluriel en *es*, pour conserver à l'*o* le son long du singulier; suivi seulement de *s*, l'*o* deviendrait bref. (Voir le tableau, p. 13, 2e colonne).

Grotto, grotte, *pluriel*, **grottoes** (*grot'ôz*).
Negro, nègre, » **negroes** (*ni-grôze*).

Il en est de même des deux verbes **to do** (*tou dou*), faire, et **to go** (*tou-gô*), aller, à la 3e pers. sing. prés. ind..

He does (*deuz*), il fait. **He goes** (*gô-ze*), il va

8° Les monosyllabes (noms, adjectifs et verbes), terminés par une consonne, précédée d'une voyelle brève, doublent leur consonne finale avant de prendre une terminaison commençant par une voyelle, telle que *er*, *y*, *ed*, *ing*.

Ex. : De **hat**, chapeau, on fait **hatter**, chapelier.
De **fog**, brouillard » **foggy**, brumeux.
Hot, chaud, fait au comparatif **hotter**, au sup. **hottest**
Big, gros, » » **bigger**, » **biggest**

Le verbe to **stop** fait au parfait **stopped**, au part. prés. **stopping.**

Il en est de même de tous les verbes de deux syllabes qui sont accentués sur la deuxième syllabe : to **prefer'**, **preferred**, **preferring**, etc.

Ce doublement de la consonne finale a pour but de conserver le son bref de la voyelle du radical. (Voir n° 21).

50 **Pronoms personnels**

PRONOMS SUJETS		PRONOMS COMPLÉMENTS	
	1re Personne		
I (1) (*aïe*),	je ou moi.	**Me** (*mi*),	moi.
We (*oui*),	nous.	**Us** (*euss*).	nous.
	2e Personne		
Thou (*saou'*),	tu, toi.	**Thee** (*si*),	te, .
You,	vous.	**You**,	vous.
	3e Personne		
He (*hi*),	il, lui (masc.).	**Him**,	le, lui.
She (*chi*),	elle (fém.).	**Her** (*heur*)	la, lui.
It,	il, elle, cela (neutre).	**It**,	cela, le, lui, la.
They,	ils, elles	**Them**,	eux, elles.

(1) I, je, s'écrit toujours par une majuscule.

NOTA. — Les pronoms compléments suivent le verbe : Ex. :

Je lui donne. *I give him* ou *to him.*

Je le prends. *I take it* (je prends cela).

51 PRONOMS RÉFLÉCHIS

Myself	(*maï-self*),	moi-même.
Thyself	(*saï-self*),	toi-même.
Himself	(*him'self*),	lui-même.
Herself	(*heur'self*),	elle-même.

Itself	(*it'self*),	cela-même (neutre).
Ourselves	(*aour'selvz*),	nous-mêmes.
Yourself, yourselves		vous-même, vous-mêmes.
Themselves		eux ou elles-mêmes.
One's self	(*oueun'self*),	se, soi-même (sens indéfini).

Drinks	(*drinn'ks*),	boissons.
To drink, drank, drunk	(verbe irrég.),	boire.
Drinker	(*drinn'keur*),	buveur.
Drunkard	(*dreun'keurd*),	ivrogne.
Drunken, adj.	(*dreun'k'n*),	ivre.
Drunkenness	(*dreunk'n'ness*),	ivrognerie.
Wi'ne	(*ouaï'ne*),	vin.
Clar'et	(*clar'ett*),	vin de Bordeaux.
Bùrgundy	(*beur'guendé*),	vin de Bourgogne.
Champagne	(*champé'ne*),	vin de Champagne.
Port-wine	(*port-ouaïne*),	vin d'Oporto ou Porto.
Sherry	(*cher'ré*),	vin de Xérès.
A glass, *plur.* **glasses**	(*glass'*, *glassiz*),	un verre, verres.
A bottle	(*bott'l*),	une bouteille.
A pint	(*païn'te*),	une pinte, 0,568 lit.
Beer; ale; pa'le ale	(*bi-re*; *éle*),	bière; ale; bière pâle.
Stout, pòrter	(*staou'te*; *pòr-teur*),	bière forte; porter.
Ci'der	(*çaï-deur*),	cidre.
Wat'er	(*ouol'eur*),	eau.
So'da-water.	(*sô-da-ouolçeur*),	eau de seltz.
Decanter	(*dicann'teur*),	carafe.
Cof'fee	(*cof'fi*),	café.
Tea	(*ti*),	thé.
A cup of tea	(*é keup ov ti*),	une tasse de thé.
Chocolate	(*tchok'olète*),	chocolat.
Broth	(*broth*)	bouillon.
Milk	(*milk*),	lait.
Cream	(*cri-me*),	crème.
Spirits	(*spir'its*),	spiritueux.
Bran'dy	(*brann'di*),	eau-de-vie.
Gin	(*djinn'*),	genièvre.

Whiskey ou whisky	(*houiské*),	eau-de-vie de grains.
Rum	(*reummm*),	rhum.
Oil	(*oïl*),	huile.
Vin'egar	(*vinn'igueur*),	vinaigre.
Drinkable	(*drinkeb'l*),	potable.
Fresh	(*fresh*),	frais, fraîche.
Old	(*ô-ld*),	vieux, vieille.
Strong	(*strongn*),	fort.
Dear	(*di-er*),	cher, chère.
Cheap	(*tchi-pe*),	bon marché.
To be **thirsty**.	(*theursté*),	être altéré, avoir soif.
Tip'sy	(*tipsé*),	gris, pris de vin.
A pub'lic-house	(*peublic-haouce*),	un cabaret.
Ale-house,		» (maison à bière).
A publican	(*peubli'keune*),	un cabaretier.
To **want**	(*ouonte*),	avoir besoin de, désirer.
To **come**	(*heume*),	venir.
Never	(*nev'eur*),	ne... jamais.
With	(*ouith*),	avec.
For	(*for*),	pour.

VERSION 8

You will not have your breakfast in bed. — Will you drink a cup of tea or of coffee? — I shall drink a cup of chocolate, I like it better. — Is he a drunkard? — No, he is not a drunkard, he never drinks any spirits. — Your beer is very good, will you give me a glass, please? — Yes, here is one. — What do you want? — I want a glass of whiskey. — Brandy, rum, gin, whiskey are alcoholic liquors, they are called spirits. — Claret and burgundy are very dear wines. — Give me that bottle of sherry. — Bring me some water. — Where is the decanter? — In the cupboard. — You will have broth for dinner. — He will take some soda-water. — That man was tipsy. — You are not a drunkard; no, but you will be. — Where was he? — He was drinking in the dining-room with his servant. — They had taken the brandy. — Will you come to the public-house with me, we shall take a pint of ale; it is very good. — That oil is not fresh, and that vinegar is too strong. — I am very thirsty, I should like to take a glass of cider. — I had some bottles of very old wine. — We drank it with them. — Porter is very cheap; stout is dearer. — I never take any tea. — You have much gin for eighteen pence. — They do not give much wine for six pence.

THÈME 8

Avez-vous du pouding? — Non, j'aimerais un peu de pouding avec une tranche de rosbif. — Ce mouton n'est pas très bon. — Voulez-vous prendre un peu de bouillon pour votre déjeuner. — Oui, donnez-m'en (en, *some*). — Que désirez-vous? — Je désire un verre de Xérès. — Le domestique nous apportera une bouteille de vin et une pinte de bière. — Nous boirons avec eux. — Voulez-vous venir avec moi dans la salle à manger, nous prendrons une tasse de thé avec un verre de rhum. — Je n'aime pas (les) (1) spiritueux. — Venez dans ce cabaret, le cabaretier nous donnera un verre de Bordeaux ou de Porto. — Veulent-ils prendre une tasse de lait? — Oui, avec un peu de crème. — Ce vin vieux est très clair. — Ils boivent (de l')eau, ils n'ont pas de vin. — Que voulez-vous pour votre déjeuner? pour votre goûter? — Pour mon déjeuner, je prendrai du pain et du beurre, avec une tasse de café; pour mon goûter, je prendrai un peu de pouding avec une tasse de thé. — Quelles boissons aimez-vous? — J'aime le vin de Bordeaux, (le) Champagne et (le) Xérès. — Qu'avez-vous mangé pour votre dîner? — Nous avons mangé un gigot, une tranche de jambon, et nous avons bu de la bière et du café. — Avez-vous de l'huile? — Oui, elle est très bonne. — Apportez-moi la carafe, je voudrais [j'aimerais] boire un peu d'eau; je suis très altéré. — A-t-il soif? — Oui, donnez-lui un verre de vin avec (de l')eau. — Elle boit son lait avec beaucoup (de) sucre. — Votre domestique était ivre; il avait bu beaucoup (de) genièvre et de rhum. — (Les) spiritueux sont très mauvais. — (Le) vin est meilleur que (la) bière.

EXPRESSIONS COMMERCIALES

To **buy** (*baï*), v. irr. **bought, bought**, acheter.

To **pûr'**chase	(*peur'tchéce*),	acheter.
A **buyer**	(*baï-eur*),	acheteur.
A **pûr'**chaser	(*peur-tchéceur*),	acheteur.
A **bid'**der	(*bid'deur*),	enchérisseur.
A **customer**	(*keus'tomeur*),	client, pratique.
To **pay, paid, paid**	(v. irrég.),	payer
To **sell,, sold, sold**	(v. irrég.),	vendre.

(1) L'article défini ne se traduit pas devant les noms pris dans un sens général.

To sell for delivery		vendre à livrer.
To dispo'se of...		disposer de... vendre.
To retail'	(*rité-le*),	vendre au détail.
To hawk	(*haük*),	colporter.
Hawker	(*haükeur*),	colporteur.
A seller	(*seleur*),	vendeur.
A vendor	(*venn'deur*),	vendeur.
To discount'	(*discaoun'te*),	escompter.
Dis'count	(*dis'caounte*).	escompte.
Per cent'	(*peur cenn'te*),	pour cent.

EXERCICES

The discount is now ten per cent (10 0/0). — With 2 0/0 (two per cent) discount. — We shall do our best to sell your goods (marchandises). — We shall sell them for delivery. — We have disposed of the wine. — This man is an excellent customer, he will pay you. — She purchased these goods for delivery.

CONVERSATION

Are you thirsty?	Avez-vous soif?
Yes, I am very thirsty.	Oui, j'ai bien soif.
What would you take?	Que voudriez-vous prendre?
I should like to take a glass of beer.	Je voudrais bien prendre un verre de bière.
Do you like this wine?	Aimez-vous ce vin?
Yes, it is very old.	Oui, il est très vieux.
Where did you buy it?	Où l'avez-vous acheté?
At Bordeaux.	A Bordeaux.
At what price?	A quel prix?
I paid six hundred francs.	J'ai payé six cents francs.

53 Nouvième leçon. — Ninth lesson

PRONONCIATION. — *Etude des diphtongues (suite).*

Diphtongues formées de l'*i* et des autres voyelles.

IA

IA se prononce *I* bref, c'est-à-dire que l'a reste muet dans les mots suivants : **Carriage** (*car'tdje*), voiture; **marriage** (*mar'tdje*), mariage; **parliament** (*pâr-liment*), parlement.

IE

IE se prononce généralement i long (*gite*), quand cette diphtongue est sous l'accent.

Ex. : **to believe** (*bili've*), croire; **field** (*fild*), champ.

Exceptions : 1° A la fin des monosyllabes, sous l'accent, comme **to die** (*daï*), mourir; **a pie** (*paï*), un pâté.

2° Dans le mot **friend**, ami, l'i est muet, (*frenn'd*).

3° Dans les terminaisons des nombres ordinaux *teth*, l'i et l'e ne forment pas diphtongue, et se prononcent séparément.

Ex. : **twentieth** (*touenti-eth*).

4° Dans certains mots terminés en **ier**, l'i s'unit à la consonne qui précède, pour lier cette consonne à la syllabe **er**.

Ex. : **Soldier** (*sôldjeur*), soldat; **glazier** (*glé-jeur*), vitrier
Hosier (*hô-jeur*), bonnetier.

De même dans les terminaisons en *ent*, *ence*, etc.

Ex. : **Impatient** (*im'pé-chente*); **impatience** (*impé-chence*);
Species (*spi'chize*), espèce, sorte.

5° La terminaison **IES**, forme plurielle des noms terminés au singulier par *y*, et 3e personne du présent de l'indicatif, ainsi que **IED** des parfaits et des participes passés des verbes terminés à l'infinitif en *y*, conservent le son long ou le son bref de l'*y* du radical.

Ex. : **Fly** (*flaï*), pluriel **flies** (*flaïze*), mouche.
Cherry (*tcher'é*), pluriel **cherries** (*tcher'éze*), cerise.
To try (*traï*), 3e p. he **tries** (*traïze*), essayer, il essaie.
To carry (*car'é*), 3e p. he **carries** (*car'éze*), porter, il porte.
Parfait. I **tried** part. pass. **tried** (*traï-de*).
I carried, » **carried** (*car'ide*).

IO

IO a le son faible de *eu* après *s* ou *t*.

Ex. : **Nation** (*née-cheune*); **decision** (*dici'j'eune*), nation, décision.

Quand l'accent porte sur l'i, les deux voyelles se prononcent séparément et l'i a toujours le son long alphabétique, comme *terminant la syllabe accentuée*.

Ex. : **Violet** (*vaï-olet*), **violence** (*vaï-olence*).

IOU

IOU après c (sifflant), *s*, *t*, *x*, se prononce *eu*.

Ex. : **Precious** (*pré-cheuss*), **beauteous** (*bioutieuss*).
Noxious (*noc'cheuss*), précieux, beau, nuisible.

Prononcez : *Carriage, soldier, violet, fly, flies, to carry, he carries, carried, to try, he tries, tried, friend, a pie, impatient, nation, precious.*

Adjectifs et pronoms possessifs. La lettre **s** *marque la possession.*

Nous avons déjà donné la liste des adjectifs possessifs, page 22, n° 19. (Voici un tableau comparatif de ces adjectifs, avec les pronoms possessifs correspondants.)

ADJECTIFS POSSESSIFS	PRONOMS POSSESSIFS
My, mon, ma, mes.	**Mi'ne** { le mien, la mienne, les miens, les miennes, à toi.
Thy, ton, ta, tes.	**Thi'ne**, { le tien, la tienne, les tiens, les tiennes, à toi.
Our, notre, nos.	**Ours** (*aours*), le nôtre, la nôtre, les nôtres, à vous.
Your, votre, vos.	**Yours** (*yourz*), le vôtre, la vôtre, les vôtres, à vous.
His, son, sa, ses (mas.)	**His** (mas.), { le sien, la sienne,
Her, son, sa, ses (fém.).	**Hers** (fém.), les siens, les siennes,
Its, son, sa, ses (neut.)	**Its own** (neutre), à lui, à elle.
One's, son, sa, ses (s. indéf.	**One's** (sens indéfini), voir page 22, nº 10.

Remarque. Les pronoms possessifs, sauf *mine* et *thine*, se terminent par *s* : *ours*, *yours*, *hers*, etc. Cette *s* n'est point la marque du pluriel, mais l'*s* du *cas possessif*.

55 CAS POSSESSIFS

Les noms propres de personnes et les substantifs qui représentent des personnes, peuvent prendre ce qu'on appelle le *cas possessif*, formé par l'addition d'une apostrophe et d'une *s*. Cela n'a lieu que lorsqu'il s'agit de possession.

Ex. : *Le livre de mon père*. Cette phrase peut s'exprimer en anglais de deux façons :

1º **The book of my father** (tournure française).
2º **My father's book** (cas possessif anglais).

Remarquez que dans ce dernier cas, on intervertit l'ordre des mots; le nom du possesseur s'exprime le premier, et l'on supprime l'article qui précède le nom de l'objet possédé.

Autres ex. : *La maison de William*, **William's house.**
Le père de mon cousin, My cousin's father.

Comme on le voit, cette *s* du possessif se retrouve dans les pronoms possessifs **ours, yours, his, hers, its, one's.**

One's ne s'emploie que lorsque le sujet de la phrase est le pronom indéfini **one** ou un infinitif.

Répétons ici que l'adjectif possessif et le pronom possessif s'accordent avec le *possesseur* et non avec l'objet possédé, comme en français.

Ex. : **His book,** son livre (à lui). **Her book,** son livre (à elle).
Its head, sa tête (à un animal ou chose neutre).
It is his, c'est le sien (à lui, un homme).
It is hers, c'est le sien (à elle, une femme).
It is its own, c'est le sien (à une chose neutre).

Veg'etables	(*vedj'itéb'ts*),	légumes,
Rad'ish, *pl.* **es**	(*rad'tch*),	radis.
Pic'kles	(*pik'kl'z*),	conserves au vinaigre.
Mustard	(*meusteurd*),	moutarde.
French beans	(*frentch binz*),	haricots verts (à la française)
Pea, *pl.* peas ou pease	(*pi*)	pois, petits pois.
Greens	(*grinz*)	légumes verts.
Cab'bage	(*cab'édje*),	chou.
Cauliflower	(*caùliflaouer*),	chou-fleur
Pota'to, *pl.* **es**	(*potée-tò*),	pomme de terre.
Car'rot	(*car'ott*),	carotte.
Ar'tichoke	(*ar'titchòke*),	artichaut.
Sal'ad	(*sal'add*),	salade.
Water-cress	(*ouol'eur-cresse*),	cresson.
Aspar'agus	(*aspar'agueuss*),	asperge.
Spin'age	(*spin'édje*),	épinards.
Leek	(*like*),	poireau.
On'ion	(*eun'ieun*),	oignon.
Gâr'lick	(*gàr'lick*),	ail.
Clo've	(*clò-ve*),	gousse (d'ail).
Tûr'nip	(*teur'nip*),	navet.
Dessert	(*dezzeurt*),	dessert.
Cheese	(*tchi-ze*),	fromage.
Fruit	(*frout*),	fruit.
Bis'cuit	(*biskit*),	biscuit.
Ca'ke	(*kée'ke*),	gâteau.
Pan'cake	(*pann'kéke*),	crêpe.
Pud'ding	(*poud'ign*),	pouding.
Plum'pudding	(*pleum'poudign*),	pouding aux raisins secs.
Sweet'meats,	(*souite-mites*),	sucreries.

Pa'stry	*(péstré)*,	pâtisserie.
Jam'	*(djamm')*,	confiture.
Egg	*(égue)*,	œuf.
Boiled egg	*(bo'il'd égue)*,	œuf à la coque.
Hard boileg egg	»	œuf dur.
Hunger	*(heun'gueur)*,	faim.
To be **hungry**	*(heun'gré)*,	avair faim (être affamé).
Ready	*(réd'é)*,	prêt, prête.
Sweet	*(souite)*,	doux, sucré.
Tender	*(tenn'deur)*,	tendre.
Obli'ged	*(oblaï'dj'd)*,	obligé.
To help	*(touhelp)*,	servir.
Enough	*(i-neuf)*,	assez.
Some more	*(seum'more)*,	un peu plus, encore.

VERSION 9. — NINTH TRANSLATION

Those vegetables are not very good, I do not like them. — Your radishes are very tender; they are better than ours. — Give me some potatoes, please; I like them. — Breakfast is ready; come to the dining-room, sit down there. — We shall have a slice of ham and boiled eggs. — Will you take some jam? — No, thanks; I shall take a cake. — Will you give him a cup of tea, he is thirsty. — Are you hungry? — Yes, I am very hungry; give me, please, a little of that pudding with a glass of sherry. — That coffee is two sweet; it is not so good as yours; it is as good as theirs. — His cake is better than hers. — My egg is as good as his. — Dinner is on the table. — Shall I help you to some spinage? — We shall help ourselves. — Help yourself to what you like best. — Shall I help you to a little wine? — No, I shall take a glass of water; it is excellent. — Give me a little cheese, not much. — Thanks, that is enough. — Do you want a plate? — Will you have some potatoes with your beef? — Yes, I am much obliged to you. — He was very hungry. — Those french beans are extremely tender; I shall take some more. — Will you have some pickles? — Yes, give me some. — They never take any salad. — They eat much meat and they do not drink enough wine ou wine enough. — My father's house. — Your brother's room is larger than mine. — William's father is older than yours. — Your cousin's brother is younger than you. — I have eaten enough. — It is dear enough. — We have enough, more than enough. — It is good enough.

Remarque. L'adverbe **enough** *se place le plus souvent après le mot qu'il modifie.*

THÈME 9. — NINTH EXERCISE

Le souper est-il prêt? — Oui, allons dans la salle à manger. — Prenez une chaise et asseyez-(vous) là. — Voulez-vous prendre un peu de cresson avec votre rosbif? — Ces artichauts ne sont pas très tendres, je prendrai quelques radis. — Ce pain est aussi bon que le vôtre; il est meilleur que le nôtre. — Sa maison (à lui) n'est pas aussi grande que la sienne (à elle). — Le frère de votre tante (*cas possessif*) est ici; il viendra avec nous. — La maison de votre oncle (*cas possessif*). — Le lit de votre frère (*cas possessif*) est dans cette chambre. — Mon café est aussi sucré que le vôtre. — Votre thé n'est pas aussi sucré que le mien; il est plus sucré que le sien (à lui). — Etes-vous prêts? — Oui, nous sommes prêts. — Avez-vous soif? — Non, mais j'ai faim. — Prenez un peu de ce pouding aux raisins secs. — Je vous suis bien [beaucoup] obligé. — Servez-(vous) vous-même. — Nous aurons un œuf à la coque pour notre déjeuner. —Prenez un biscuit avec un peu de confiture. — En voulez-vous (1) encore (*tournez :* Voulez-vous prendre un peu plus?) — Où avez-vous acheté ces conserves au vinaigre? — Dans la rue d'Oxford (Oxford-rue, *street*). — Sonnez, il viendra. — Fermez la porte de la cuisine et ouvrez la fenêtre de la salle à manger. — Avez-vous reçu le paquet? — Oui, il est là, dans le petit salon. — Il vient de Londres. — A-t-il une lettre de crédit? — Non, mais il a une lettre de recommandation pour votre père. — Vous affranchirez cette lettre. — Elle a reçu une lettre chargée. — Allumez la lampe, j'ai besoin d'écrire une lettre. — Je n'ai pas d'allumette. — Allez à la cuisine, vous verrez quelques allumettes sur la table.

57

MOTS USUELS

FRÉQUEMMENT EMPLOYÉS DANS LA CORRESPONDANCE COMMERCIALE

Day	(*dé*),	jour.	**One day,**	un certain jour.
Week	(*ouik*),	semaine.	**In a week**	dans huit jours.
Fortnight		quinzaine.	**Ina fortnight,**	dans 15 jours.
Month	(*meunth*)	mois.	**Next month,**	le mois prochain.

(1) Voulez-vous? *will you?* ne peut être suivi d'un substantif en anglais: il faut toujours ajouter un verbe, comme *to have, to take, to accept*, etc. Ex. : Voulez-vous du pain? dites : *will you have* ou *take some bread?* et non *will you some bread? will*, dans ce cas, est verbe auxiliaire et ne peut s'employer seul.

Year (*yeur*), année. **Last year,** l'année dernière.
Twelvemonth année.(12 mois, au singulier collectif).

Monday	(*meun'dé*),	lundi.
Tuesday	(*tious'dé*),	mardi.
Wednesday	(*oueünnz'dé*),	mercredi.
Thursday	(*theurz'dé*),	jeudi.
Friday	(*fraï'dé*),	vendredi,
Saturday	(*sat'eurdé*),	samedi.
Sunday	(*seun'dé*),	dimanche.

MOIS — MONTHS

January	(*djan'touaré*),	janvier.
February	(*feb'rouaré*),	février.
March	(*mârtch*),	mars.
April	(*e'prill*),	avril.
May	(*mé*),	mai,
Ju'ne	(*djiou'ne*),	juin.
July	(*djioulaï'*),	juillet.
August	(*aù'gueust*),	août.
Septem'ber	(*septem'beur*),	septembre.
Octo'ber	(*octô'beur*),	octobre.
Novem'ber	(*novem'beur*),	novembre.
Decem'ber	(*decem'beur*),	décembre.

ABRÉVIATIONS USITÉES DANS LE COMMERCE

6th ult.	pour **ultimo**	(*eultimo*),	6 du mois dernier.
10th inst,	pour **instant**	(*inn'stante*),	10 du mois présent, courant.
1rst prox.	pour **proximo**	(*prox'imo*),	premier du mois prochain.

Yesterday (*yes'teurdé*), hier.
To-day (*toudé*), aujourd'hui.
To-morrow (*tou mor'ô*), demain.
The day after to-morrow, après-demain.

Nota. Les noms des jours et des mois s'écrivent avec une majuscule.

Règle. On emploie la préposition *on* devant les dates précises indiquées par un nom de jour ou le quantième du mois.

Ex. : *I shall go* on *Monday*, j'irai lundi; *He was there* on *the* 20th *of October*, il y était le 20 octobre.

London, 1st July 1890.

Messrs (1) Brown and sons, Liverpool

Dear sirs,

We should like to enter into correspondence with your honorable firm. Our traveller will see you on the 2nd prox. Please to tell him the prices of all your articles.

Your faithful servants,

Smith and Co (compagnie)

CONVERSATION

Where is your friend?	Où est votre ami?
Tell him to come.	Dites-lui de venir.
Dinner is ready.	Le dîner est prêt.
Sit down by me.	Asseyez-vous près de moi.
What shall I give you?	Que vous donnerai-je?
I should like a little of this meat-pie.	J'aimerais un peu de ce pâté de viande.
How do you like it?	Comment le trouvez-vous?
It is very good.	Il est très bon.
Will you have some more?	En voulez-vous encore?
No, thanks; that's enough.	Non, merci; c'est assez.
Shall I help you to some beer?	Vous servirai-je un peu de bière
Thank you (I thank you).	Je vous remercie.
I am not thirsty	Je n'ai pas soif.
Will you take some potatoes with your beefsteak.	Voulez-vous des pommes de terre avec votre bifteck.
If you please. Thank you.	S'il vous plaît. Je vous remercie.

(1) Abréviation de Messieurs, prononcez *mess'ieurs*.

58 Dixième leçon. — Tenth lesson

Prononciation des diphtongues formées par la combinaison de l'o et des autres voyelles.

OA

Le son ordinaire de **oa** est *ô* long et grave, comme dans le mot français *pôle*.

Coat (*côte*), habit; **coal** (*côle*), charbon de terre; **oak** (*ôke*), chêne.

Excepté **Broad**, large, et **groat**, groat, pièce de monnaie, qui a le son de l'*o* ouvert de *nord*.

OO

OO se prononce *ou* long, comme dans *joûte*)

Ex. : **Moon** (*moû-ne*), lune; **bloom**, fraîcheur; **poor**, pauvre.

Exceptions : 1° **OO** se prononce *ou* très bref dans le suffixe *hood*.

Ex. : **Neighbourhood** (*nébeurhoud*), voisinage;
Childhood (*tchaïl'dhoud*), enfance.

2° **Blood**, sang, et **flood**, inondation, se prononcent *bleud' fleud'*.
3° **Door**, porte, et **floor**, plancher, se prononcent *dor* et *flor*.

OU

OU se prononce souvent *aou'* (*a* grave et *ou* faible, deux sons qui doivent être liés ensemble et prononcés rapidement).

Thou, toi (*zaou'*); **our** (*aour'*); **thousand** (*thaou'zand*).

Il y a de nombreuses exceptions :
1° Dans les mots d'origine française, *ou* conserve le son français.

Ex. : **Blouse, boulevard, douche, sou.**

2° Dans les terminaisons **ought**, *ou* prend le son ouvert de *nord;* les lettres *gh* sont muettes.

Ex. : **Thought**, pensée (*thaût*). **Fought**, combattu (*faût*).
Brought, apporté (*braût*). **Bought**, acheté (*baût*).

3° Dans les terminaisons *ous, our, non accentuées*, ou a le son de *eu* faible.

Ex. : **Favour** (*fée-veur*); **parlour** (*pâr'leur*); **curious** (*kiourieuss*).

On retrouve encore à peu près ce même son de **eu** dans **Cousin, country, couple, double, courage, enough** (*ineuf*), **young** (*ieugne*), etc., etc.

OW

Cette diphtongue a généralement le son de *aou'*, comme **ou** (voir ci-dessus), quand elle est sous l'accent.

Ex. :					
Now	(*naou'*),	maintenant.	**How**	(*haou*),	comment.
Down	(*daoun*),	en bas.	**Town**	(*taoun'*),	ville.
Flower	(*flaoueur*),	fleur.			

Quand cette diphtongue se rencontre dans une finale non accentuée, elle se prononce *o* faible et un peu sourd : **sorrow** (*sor'o*), chagrin; **narrow** (*nar'o*), étroit; **window**, fenêtre; **pillow**, oreiller; **morrow**, lendemain.

Dans les mots suivants, *ow*, quoique sous l'accent, a le son de *ô* long; **to blow** (*blô*), souffler; **to flow**, couler; **bow** (*bô*), arc; **to know** (*nô*), connaître; **low**, bas; **to show**, montrer; **snow**, neige, etc., etc.

OY

Ces voyelles forment un son composé de *o* ouvert (*nord*) et d'*i* faible. Il n'y a pas d'exceptions.

Boy (*boï*), garçon; **joy** (*dj'oï*), joie; **toy** (*toï*), jouet), etc.

GRAMMAIRE

59 Pronoms relatifs et interrogatifs

1° *Pour les personnes*

Who	(*hou*),	qui, lequel, laquelle, lesquels, lesquelles, qui?
Whose	(*houze*),	dont, de qui, duquel, desquels, desquelles, à qui?
Whom	(*houm*),	que, lequel, laquelle, lesquels, lesquelles, qui?

2° *Pour les choses*

Which (*houitch*), qui, lequel, laquelle, lesquels, lesquelles, qui?

3° *Pour les personnes et les choses*

That (*zat'*), qui, lequel, etc., etc. singulier et pluriel).

Pronom composé

What (*houot*), ce qui, ce que, que? quoi? quel? quelle?
quel! quelle! *exclamatif.*

Remarque. — 1° **Which, that** et **what** n'ont qu'une forme, tandis que **who,** pronom réservé aux personnes, a trois formes : 1° **Who,** sujet. — 2° **Whom,** complément direct ou indirect, après une préposition. — 3° **Whose,** complément indirect, *cas possessif, à qui, de qui, dont.* (Voir sur le cas possessif, le n° **55**.)

60 **Whose**

Whose, cas possessif de **who,** marque un rapport de possession, et s'emploie surtout en parlant des personnes, quelquefois en parlant des choses et des animaux. Il doit toujours être suivi immédiatement du nom de la chose possédée, c'est-à-dire que l'article se supprime. On le traduit donc par *dont le, dont la, dont les.*

Ex. : *The man* **whose** *house was burned,*
L'homme dont la maison fut brûlée.

Si en français, le nom de la chose possédée était séparé du pronom relatif par un ou plusieurs mots, il faudrait quand même les rapprocher en anglais.

Ex. : L'homme dont vous voyez la maison. (Tournez).
L'homme dont maison vous voyez.
The man **whose house** *you see.*

Whose? *à qui?*

Les observations ci-dessus s'appliquent à A QUI? suivi du verbe être, dans le sens d'appartenir.

Ex. : A qui est ce chapeau? Dites : De qui chapeau est celui-ci?
Whose hat is this.

Lorsque A QUI? ne marque pas la *possession*, il se traduit par **whom**, précédé de la préposition gouvernée par le verbe.

Ex. : A qui parlez-vous? **To whom** *are you speaking?*
A qui pensez-vous? **Of whom** *are you thinking?*

On dit en anglais : penser *de*, **to think of...**

NOTA. — On peut rejeter la préposition à la fin de la phrase et dire : **Whom are you speaking to? Whom are you thinking of?**

61 **Of which,** *dont.*

Quand *dont* a pour antécédent un nom de chose, il se rend ordinairement par **of which**, que l'on place généralement après le substantif dont il dépend.

Ex. : La porte dont la clef est ici. *The door the key* **of which** *is here.*

On se sert aussi quelquefois de *Whose* en parlant des choses. *That forbidden tree, whose mortal taste brought death into the world* (Milton). Cet arbre défendu, dont le goût mortel apporta la mort dans le monde.

62 **Which** *ce qui, chose qui.*

Quand *ce qui, ce que* se rapporte à une chose déjà énoncée, on traduit ces mots par **which**.

Ex. : Il est paresseux, ce qui est très mal (chose qui est...).
He is lazy, **which** *is very bad.*

63 **That**

That, pronom relatif, peut s'employer pour les personnes et pour les choses. On s'en sert surtout après les superlatifs.

Ex. : *The greatest rascal* **that** *I ever saw.*
Le plus grand coquin que j'aie jamais vu.

That a souvent un sens restrictif ou limitatif.

Ex. *The next winter* **which** *you will spend in town,*
et *The next winter* **that** *you will spend in town.*

Ces deux phrases n'ont pas tout à fait le même sens :

La première signifie : l'hiver prochain que vous passerez à la ville (vous passerez l'hiver prochain à la ville).

La seconde signifie plutôt dans un sens plus restreint : le prochain hiver que vous passerez à la ville (c'est-à-dire parmi les hivers prochains celui que vous passerez à la ville).

Remarque. — On sous-entend les pronoms relatifs *whom*, *which*, *that*, employés comme régimes, lorsqu'il n'en doit résulter aucune obscurité.

Ex. : *The man you see*, l'homme (que) vous voyez.
The house you see, la maison (que) vous voyez, etc.

64 What *quel!* (exclamatif).

What signifie ordinairement *ce qui, ce que, que? quoi? quelle chose?* Quand il est exclamatif, le substantif singulier qui suit doit être précédé de l'article indéfini *a* ou *an*, à moins que ce nom n'ait pas de pluriel : **what a man!** quel homme! mais on dira **what idleness!** quelle paresse! le mot *idleness* étant toujours singulier.

MOTS USUELS

The **hu'man be'ing**	(*hiou'man bi-ing*),	l'être humain.
The **bod'y**	(*ze bod'é*),	le corps.
Man' *pl.* **men'**	(*mann', menn'*),	l'homme, hommes.
Woman, women	(*ououmeune*), (*oui'menn*),	femme, femmes.
Chi'ld, chil'dren	(*tchaï'l'd*), (*tchil'dren*),	enfant, enfants.
Boy', lad'	(*boï, lad'*),	garçon.
Girl, lass	(*gueurl, lâss*),	fille, fillette.
Youth	(*you'the*),	jeune homme, jeunesse.
An old man	»	un vieillard.
The **soul'**	(*sô'le*),	l'âme.
The **limbs**	(*lim'z*),	les membres.
Skin'	(*skinn'*),	peau.
Head'	(*hed'*),	tête.
Fore'head	(*for'hed*),	front (*fore*, de devant).
Skull,	(*skeul'*),	crâne.
Brain	(*bre'ne*),	cervelle.

Temple	*(temm'p'l)*,	tempe.
Fa'ce	*(fée'ce)*,	figure.
Cheek	*(tchi-ke)*,	joue.
Ear	*(i-er)*,	oreille.
Eye	*(aïe)*,	œil.
Eyebrow	*(aïebraou)*,	sourcil.
Eyelid	*(aïelid),)*	paupière.
Eyelash	*(aïelash)*,	cil.
No'se	*(nô-ze)*,	nez.
Nos'trils	*(noss'trilz)*,	narines.
Mouth	*(maou'th)*,	bouche.
Lip	*(lipp')*,	lèvre.
Tooth *pl.* **teeth**	*(touth, ti-the)*,	dent, dents.
Tongue	*(teungn)*,	langue.
Chin	*(tchin')*,	menton.
Beard	*(bir'de)*,	barbe.
Hair (singulier)	*(hair)*,	cheveux, chevelure.
Throat	*(thrô'te)*,	gorge, gosier.
Neck	*(neck')*,	cou.
Shoulder	*(chôl'deur)*,	épaule.
Arm	*(arme)*,	bras, branche, arme.
El'bow	*(el'bô)*,	coude.
Wrist	*(riste)*,	poignet.
Hand'	*(han'de)*,	main.
Fist	*(fiste)*,	poing.
Fin'ger	*(finn'gueur)*,	doigt.
Thumb	*(theumm)*,	pouce.
Nail	*(né-le)*,	ongle, clou.
Chest	*(tches'te)*,	poitrine, coffre.
Breast	*(brest)*,	poitrine, sein, cœur.
Heart	*(hârt)*,	cœur.
Blood	*(bleud)*,	sang.
Back	*(back')*,	dos, revers.
Si'de	*(saï'de)*,	côté, flanc.
Rib'	*(ribb')*,	côte, nervure.
Stomach	*(steum'ak)*,	estomac.
Bel'ly	*(bel'é)*,	ventre.
Leg	*(legue)*,	jambe.
Knee	*(ni)*,	genou.
Foot, *pl.* **feet**	*(fout, fi-te)*,	pied, pieds.
Heel	*(hi'le)*,	talon.
Toe	(to),	orteil.

VERBES

To move	*(tou mou've)*,	mouvoir.
To tûrn	*(teurne)*,	tourner.
To stretch	*(stretche)*,	étendre.
To sha'ke, *v. irr.*	*(ché-ke)*	secouer, *shook*, *shaken*
To raise	*(rée-ze)*,	lever, élever.
To get up'	*(guet'eup')*,	se lever (v. neutre).

ADJECTIFS

Fi'ne	*(faï'ne)*,	beau.
Hand'some	*(hannd'seum)*,	beau.
Rud'dy	*(reud'é)*,	vermeil.

Pa'le	*(pé-le)*,	pâle.	**Pret'ty**	*(prété)*,	joli.
Ug'ly	*(eug'lé)*,	laid.	**Red'**	*(red')*,	rouge.
Black'		noir,	**Whi'te**	*(houaïte)*,	blanc.
Through	*(throu)*,	à travers.	**Only**	*(ônlé)*,	seulement.
For	(prépos.),	pour.	For ever,	pour toujours, à jamais.	
Ever	*(ev'eur)*,	toujours.			

VERSION 10. — TENTH TRANSLATION.

Who is that old man? — He is the father of this child. — Negroes have a black skin. — She turned her (1) head. — They have three children, two boys and a girl. — His face is red. — The eye, the ear and the nostril are passive (passifs), the hand is active (active). — The hand plucks (cueille) the flower for the nostril and is the servant of the tongue. — It is never idle (oisive). — What will it not do? — Call that boy whose father was here yesterday. — Whose house is this? — It is my brother's. — Whose book is this? — It is William's. — Shake hands (secouez, donnez-vous la main). — I shook hands with him. — He had

(1) On emploie le plus souvent l'adjectif possessif devant les noms qui désignent une partie du corps, au lieu de l'article défini employé en français.

the book in his hand. — Open your mouth. — Shut your eyes. — This child has three teeth. — His hair is too long. — We have ten fingers. — All (*tout*) the blood of the body passes (*to pass, passer*) through the heart. — The bones (*os*) in the legs of all animals are solid, and men's bodies being supported by two limbs only, the bones of those limbs are more solid than those of the quadrupeds. — That woman has not six months to live. — A hungry belly has no ears. — Get up! stretch your arms and your legs. — From top to toe (*top, sommet*). — They are at his heels. — He is a handsome boy. — She has ruddy cheeks. — Whose bed is this? — It is mine : it is his; it is hers. — What a bad boy! — What an ugly woman!

THÈME 10. — TENTH EXERCISE

Qui est là? — Mon ami Tom est là. — A qui est cette chambre? — Elle est à moi. — Qui appelez-vous? — D'où venez-vous? — Je viens de Londres. — A qui écrivez-vous? — J'écris à mon parrain. — A qui pense-t-il? — Il pense à sa mère — A qui parle-t-elle? — Elle parle à sa sœur. — La chambre dont la porte est fermée. — Il n'est pas paresseux, ce qui est très bien. — Quel bel enfant! — L'âme et le corps de l'homme. — Ces enfants sont avec leur mère dans le salon. — Sa peau est très blanche. — La peau de ce nègre est noire. — Ses cheveux sont blancs. — Elle ferme les [ses] yeux. — Il m'a donné une poignée de mains. — Quel [un] bon garçon! Quelle [une] belle maison! — A qui est-elle? — Elle est à mon grand-père. — Donnez-moi la [votre] main. — Levez-vous! — Je me lèverai demain. — Où étiez-vous hier? — J'étais à Londres. — Il est très pâle; il a faim; donnez-lui quelque chose à manger et à boire. — Remuez la [votre] jambe. — A qui donnerez-vous cette bouteille de bière? — Je la donnerai à mon ami William. — Il secoua la [sa] tête. — Ils vivent au jour le jour (*from hand to mouth*). — Son nom vivra à jamais. — Il parle du (*from the*) cœur. — Nous irons au lit de bonne heure. — Vous vous levez trop tard. — C'est [il est] un homme bon et affable. — Votre vinaigre est trop acide [aigre]. — Votre verre est vide, voulez-vous [prendre] un peu de vin? — Vous êtes plus riche que lui. — Non, je ne suis pas aussi riche que lui. — Vous voyez mieux que moi [je]; vos yeux sont meilleurs que les miens. — Il a une longue barbe et de [un] longs cheveux. — Il est à [sur ses] genoux. — Il se lèvera; appelez-le.

EXPRESSIONS COMMERCIALES

To buy dear.	Acheter cher.
To buy cheap.	Acheter bon marché.
To buy for ready money.	Acheter au comptant { *ready*, *prêt*.
To buy on credit.	Acheter à crédit.
To purchase for one's account.	Acheter pour son compte.
To purchase on commission.	Acheter par commission.
To buy at the fair.	Acheter à la foire.
Receipt (*ri-cite*).	Reçu, acquit.
Paid, receipted, settled.	Pour acquit, acquitté, réglé.
To receipt a bill.	Acquitter une note, donner reçu.
On taking his receipt.	Contre reçu de sa part.
Receipt in part.	Reçu en à-compte.
Receipt in full.	Quittance pour solde de compte.
To give a receipt for...	Donner un acquit pour...
Receipt-book.	Livre de quittance.
Receipt-stamp.	Papier timbré pour quittance.

I have bought this house of him. — You will not leave my shop without (*sans*) buying something of me.

CONVERSATION (n° 10)

Do you buy on credit?	Achetez-vous à crédit?
No, I always buy for ready money.	Non, j'achète toujours au comptant.
Did he buy it on his account?	L'a-t-il acheté à son compte?
No, he bought it on his father's account.	Non, il l'a acheté pour le compte de son père.
Ask him to receipt that bill.	Demandez-lui d'acquitter cette note.
Whose glass is this?	A qui est ce verre?
It is hers.	Il est à elle.
To whom do you send that parcel?	A qui envoyez-vous ce paquet?
To Mr Jones, of London.	A monsieur Jones, de Londres.
What have you received?	Qu'avez-vous reçu?
A parcel with the invoice.	Un paquet avec la facture.
Where does it come from?	D'où vient-il?
It comes from Manchester.	Il vient de Manchester.
Of whom did you buy this house?	A qui avez-vous acheté cette maison?
Of my father-in-law.	A mon beau-père.
Where did you buy these knives?	Où avez-vous acheté ces couteaux?
Last Monday, at the fair.	Lundi dernier, à la foire.

Prononciation des diphtongues (Suite).

Diphtongues formées de l'*u* et des autres voyelles.

UE

UE, à la fin des mots, se prononce *tou*, excepté après *r*, où l'on prononce *ou*. Ex. :

Hue (*hiou*), couleur, teinte. **Value** (*valiou*), valeur, prix.
To pursue' (*peursiou*), poursuivre. **Ague** (*éghiou*), fièvre.
True (*troue*), vrai. **To rue** (*rou*), regretter.

Exceptions : 1° **Guest**, hôte ; **to guess**, deviner, se prononcent *ghest*, *ghess*.

2° Dans une vingtaine de mots, presque tous d'origine française, terminés en *que* ou *gue*, **ue** est muet.

Ex. : **Fatigue, antique, intrigue, colleagne** (*col'igue*), collègue.

UI

UI se prononce *oui*.

Ex. : **Quick** (*couik'*), vif ; **quill** (*couill*), plume ; **liquid** (*lic'couid*), liquide.

Mais l'*i* prend le son alphabétique *aï*, quand il termine la syllabe accentuée (voir page 10).

Ex. : **Gui'de** (*gaïde*), guide. **Qui'te** (*kouaïte*), tout à fait.
Qui-re (*kouaïre*), chœur, main de papier.

UI se prononce *tou* dans **suit** (*siout*), assortiment, procès, etc., et ses dérivés.

Précédée de *r*, la diphtongue **ui** se prononce ou.

Bruise (*brouze*), meurtrissure ; **Fruit** (*frout*), fruit.
Recruit (*ri-croute*), recrue.

Dans **biscuit** et **circuit**, l'*u* est muet et le *c* est dur ; pron. *bis'kit*, *seur'kit*.

87 GRAMMAIRE

Pronoms indéfinis

Les principaux pronoms indéfinis sont formés par la réunion de **some**, **no** et **any** avec les mots **body** (corps, personne), **one**, et **thing**, chose.

Some, quelque, quelques-uns, etc.
Somebody, some one, quelqu'un.
Something, quelque chose.
} quand l'idée de la phrase est affirmative (voir nº 45, p. 54.

Any body, any one, quelqu'un, quiconque (interrogatif ou négatif).
Anything, quelque chose, une chose quelconque.
Nobody, no one, none, personne, ne... aucun, etc.
Nothing, aucune chose, rien.
Else, autre.
Nothing else, rien autre, rien de plus.
Other, autre. **Others**, les autres, autrui.
No other, nul autre.
One another, l'un l'autre, les uns les autres.
Another, un autre.
Many a.., plus d'un, maint, *Many a man*, plus d'un homme.
Few (*flou*), peu de; **a few**, quelques (affirmatif).
Several, plusieurs.
All, tout, tous, le tout.
Each (*itche*), chaque (distributif).
Every, chacun (collectif). **Every body**, tout le monde.
Each other, l'un l'autre, les uns les autres.
Both (*bô-th*), l'un et l'autre, tous deux (ensemble).
Either, l'un ou l'autre, etc., pron. *i-ther* ou *aïther* (voir page 53).
Neither, ni l'un ni l'autre, etc
Such, tel, pareil, semblable. *Such a man*, un tel homme.
Such as, tels qui, tels que, ceux qui.
Whoever, whosoever, quiconque, qui que ce soit.
Whichever, whatever, quoi que ce soit, tout ce que...

Remarques : 1º **Any** correspond souvent à l'idée de *n'importe* :

N'importe qui,	**anbody** ou **any one**.
N'importe quoi,	**anything**.
N'importe comment,	**any-how**.

2º **One** et **other**, pronoms, peuvent prendre la marque du pluriel · *Other* adjective est invariable. *Give me other books*, donnez-moi d'autres livres; *some*, les uns; *others*, autres.

3° **All** s'emploie au singulier et au pluriel : *all my friends*, tous nos amis; *all the year*, toute l'année.

4° **Each** signifie chacun en particulier, considéré individuellement, *Each of your children*, chacun de vos enfants. *Every* a souvent un sens collectif : *Every day*, chaque jour, tous les jours. *Every* a donc un sens moins restrictif que *each*.

5° **Either** se rapporte à l'une de deux personnes ou de deux choses. L'une ou l'autre (de deux choses) **either. Neither**, ni l'une ni l'autre (de deux choses). *I like neither of these two things*, je n'aime aucune (ni l'une ni l'autre) de ces deux choses.

6° **Such**, tel, demande à être suivi de l'article indéfini *a* ou *an*, devant le nom singulier qui suit.
Ex. : *Un tel homme*, *such* **a** *man*; Mr un tel, **Mr** (*misteur*) **such a one.**

7° La terminaison **ever** ajoutée aux pronoms relatifs et à certains adverbes, correspond à la terminaison française *conque*, en latin *cumque* **whoever**, quiconque; **how**, comment (adverbe de manière), **however** ou **howsoever**, de quelque manière que ce soit, d'une manière quelconque; **where** où, **wherever**, dans un endroit quelconque, partout où, etc.

Clothing (sing)	(*clóthing*),	habillement, vêtement.
Clothes (pl.),	(*cló'ze*),	vêtements.
A suit of clothes	(*siout*),	un habillement complet.
A **hat'**, a **cap'**		un chapeau, une casquette.
A **bon'net**	(*bon'et*),	un chapeau (de dame).
Coat, jac'ket	(*cô'te, jac'ket*),	habit, jaquette.
Waist'coat	(*oues'cot*),	gilet (*waist*, taille).
Dress-coat	»	habit de cérémonie,
Great-coat ou **overcoat**		pardessus, surtout.
Trousers (plur.)	(*traou'zeurz*),	pantalon.
Drawers (plur.)	(*draweurz*),	caleçon.
Poc'ket	(*pock'et*),	poche.
Shirt, shift	(*cheurt'*),	chemise (homme, femme).
Col'lar	(*col'eur*),	col.
Tie, necktie, crav'at	(*taïe*),	cravate.
Wrist'band	(*rist'ban'd*),	manchette (poignet *wrist*).
Stud	(*steud'*),	bouton (de chemise).
But'ton	(*beut'eun*),	bouton.

Button-hole	(*hôle*),	boutonnière (*hole*, trou).
Bra'ces	(*bré-cès*),	bretelles.
Belt	(*belte*),	ceinture, ceinturon.
Socks	(*socks*),	chaussettes.
Stocking	(*stock'ign*),	bas.
Gâr'ter	(*gâr-teur*),	jarretière.
Shoe, boot	(*choue, boute*),	soulier, botte.
Gaiters	(*gué-teurz*),	guêtres.
Slip'per	(*slip'eur*),	pantoufle.
Night'cap	(*naïtcap*),	bonnet de nuit.
Dressing-gown	(*dressing-gaoun*),	robe de chambre.
Stays, cor'set	(*stéez*),	corset.
A dress	(*dresse*).	vêtement, robe, toilette.
Umbrel'la	(*eumbrel'a*),	parapluie.
Par'asol	(*par'asol*),	ombrelle.
Cloak, mantle	(*clôke, mann't'l*),	manteau, id.
Hand'kerchief	(*han'keurtchif*),	mouchoir.
Glov'e	(*gleuve*),	gant.
Muff	(*meuf*),	manchon.

ADJECTIFS

New (*niou*), nouveau, neuf. **Old** ((*ôlde*), vieux

Fashionable (*fash'eunab'l*), à la mode, élégant.

New-fashioned, de nouvelle mode. **Old-fashioned**, de vieille mode,

In fashion (*fasheun*), à la mode. **Out of fashion**, hors de mode, démodé.

Worn out (*oueurn aout*), usé.

Tight (*taïte*), serré, étroit, collant.

Loose (*lou'ce*), lâche, large, vague.

Heavy (*he'vé*), lourd. **Light** (*taïte*), léger.

Thick, épais, gros. **Thin**, mince, léger.

Warm (*ouârme*), chaud. **Cold**, froid.

VERBES

To dress, s'habiller, habiller. **To undress**, se déshabiller, déshabiller.

To put on (*poutonn'*), mettre, revêtir. **To take off**, ôter, enlever.

To **wash** (*ouoche*), laver.
To **fit**, aller bien.
To **brush** (*breush*), brosser.
To **button**, boutonner.
To **wear** (*ouère*), verb. irr.
To **suit** (*siout*), aller à,. convenir à..
To **clean** (*cline*), nettoyer.
To **comb** (*côme*), peigner.
To **unbutton**, déboutonner.
I **wore, worn**, porter, user (un habit).

VERSION ONZE. —ELEVENTH TRANSLATION

Never do to others what you would not like them to do to yourself. —Who is at the door? — Go and see. — I don't (*pour do not*) see any body. — Give me another glass of beer, if you please. — Few men would do it. — We have given a few clothes to that poor man. — He has bought several pretty handkerchiefs. — They were all with us in the drawing-room. — All the year. — Once for all. — Nothing at all (*du tout*). — I shall give a penny to each of these boys. — He comes here every day. — Both of them (*tous deux, eux deux*). both of us (*nous deux*). — I like neither of them. — Take either of these coats which suits you. — Come to see me on such a day. — I never saw such a boy! — Give it me such as it is. — What do you want? — I want to buy a hat. — I should like to have a light one (1). — Give me a new one. — Here is a very good one. — I don't like that one, it is too heavy. — Well, I shall give you another one. — Put on your gloves. — My over-coat is worn out, I'll (*pour I shall ou I will*) buy another one. — He will purchase a suit of clothes. — That cloak is out of fashion now. —Does this bonnet fit me? — It fits you very well. — Dress yourself. — Will you brush my trousers and my waistcoat. — Take off your over-coat and put it on the bed. — Those boots are too tight, I shall not take them. — Where are your gloves? — In my pocket. — Put them on, please. — What did he wear yesterday? — Yesterday he wore a new coat and a pair of white trousers. — Nobody else will come with us? — Do you want any thing else? — No, I want nothing else? — Where are my trousers? — They are on the chair.

THÈME ONZE. — ELEVENTH EXERCISE

Quelqu'un est dans le jardin; allez voir [allez et voyez] qui c'est. — Je (ne) vois personne. — Ce n'est rien. — Avez-vous quelque chose à boire?

(1) Pour éviter la répétition d'un substantif précédemment exprimé, on ajoute à l'adjectif le pronom *one* au singulier, *ones* au pluriel : *will you have a black cravat or a white one?* Voulez-vous une cravate noire ou une blanche?

— Nous avons un peu d'eau et (de) rhum. — Ce pauvre garçon a faim, donnez-lui quelque chose à manger. — Avez-vous un autre livre à me prêter? — Ce pardessus est trop lourd, donnez-m'(en) un autre. — Ces vêtements ne sont pas à la mode; j'(en) achèterai d'autres. — Ce gilet est trop grand pour ce petit garçon; il (en) prendra un plus petit. — Mettez cette cravate. — La servante brossera mon habit et mon gilet. — Où est son pantalon? — Il est dans la chambre à coucher, sur la commode. — Vos gants sont trop épais; ils sont trop chauds. — Donnez-moi mon chapeau neuf; je ne porterai pas le vieux. — Cet habit (de cérémonie) est très joli; il est à la mode. - Les manchettes de cette chemise ne sont pas propres, lavez-les. — Il s'habille (en ce moment, voir nº 24, page 28). — Otez votre chapeau. — Cette robe ne vous va pas. — Boutonnez votre pardessus. — L'année dernière elle portait une robe noire. — La mère peigne ses enfants. — Que voulez-vous? — Je veux (*to want*) un manteau léger. — Voulez-vous mettre votre robe de chambre? — Non, donnez-moi mes bas, mon caleçon et mon pantalon. — Où sont mes pantoufles? — Sous le lit. — Donnez-moi de l'eau chaude. — (L)'eau chaude n'est pas bonne; prenez (de l')eau froide. — Quel gilet mettez-vous? — Mon gilet blanc. — Où est-il? — Dans la commode. — Je n'aime pas ces cols-là. — C'est la mode du jour. — Quand me donnerez-vous mes bottes? Demain, sans faute (*without fail*). — Ces souliers sont trop étroits; les talons sont trop hauts (*high* pron. *haï*).

EXPRESSIONS COMMERCIALES

A **draft**; bill,	une traite.
To **draw on**, drew, drawn,	tirer (une traite) sur...
To **value on**,	id. id.
At sight (*saïte*), **days'date**,	à vue, jours de date.
Drawee (*draüi'*),	tiré.
Drawer,	tireur.
Acceptance,	acceptation.
Blank acceptance,	acceptation en blanc.
For non-acceptance,	faute d'acceptation.
To present for acceptance,	présenter à l'acceptation.
To refuse acceptance,	refuser à l'acceptation.
Protest; under protest,	protêt; sous-protêt.
To **protest**,	protester.
To protest for non acceptance,	protester faute d'acceptation.
» non-payment,	» de payement.
To **indorse**, ou **endorse**,	endosser.

Indorsement ou endorsement,	endossement.
Indorser ou endorser,	endosseur.
Indor**see** ou endorsee,	porteur (d'une lettre de change, etc.

EXERCICES

The indorsee is the person in whose favour an indorsement is made (*fait*). — To endorse a draft is to write one's name on the back (*dos*) of it. — Indorsement in blanck is an indorsement in which the name of the indorser is simply (simplement) written on the back of the bill with a blank over it (au dessus) for the insertion of the name of the indorsee. — A drawee is a person to whom a bill of exchange is addres I or on whom it is drawn. — He who draws a bill of exchange is called the drawer. — We are obliged to refuse acceptance to your draft. — Your draft has not been accepted. — We have accepted it under protest. — You will draw upon us at sight. — At twenty days' date. — At long date (à longue échéance).

CONVERSATION

Where are my studs?	Où sont mes boutons (de chemise).
They are in your pocket, sir.	Ils sont dans votre poche, monsieur.
Give me a clean shirt.	Donnez-moi une chemise blanche.
Here is one, sir, on the bed.	En voici une, monsieur, sur le lit.
Where is my hat?	Où est mon chapeau?
Here it is.	Le voici.
I have no gloves.	Je n'ai pas de gants.
I want to dress.	Je veux m'habiller.
My boots are not ready.	Mes bottes ne sont pas prêtes.
Yes, sir, here they are.	Si, monsi.ur, les voici.
What dress will you put on?	Quelle robe mettrez-vous?
Give me a handkerchief and my new muff.	Donnez-moi un mouchoir et mon nouv au manchon.
Have you brought my boots.	Avez-vous apporté mes bottes.
Yes, will you try them on.	Oui, voulez-vous les essayer?
They are rather too long.	Elles sont un peu trop longues.
Take them off.	Quittez-les
Shall I make you a pair of shoes?	Vous ferai-je une paire de souliers.
No, thanks.	Non, merci.

All fashionable people wear them that way now.	Tous les gens à la mode les portent de cette façon maintenant.
What kind of buttons will you have?	Quelle espèce de boutons voulez-vous?
Silk ones.	Des boutons de soie.
Whose coat is this?	A qui est cet habit?
It is mine.	Il est à moi.
Did you see anybody?	Avez-vous vu quelqu'un?
I saw nobody.	Je n'ai vu personne.
Whom were you writing to?	A qui écriviez-vous?
I was writing to my son-in-law.	J'écrivais à mon gendre.
Where does he live now?	Où habite-t-il maintenant?
At Glasgow, in Scotland.	A Glasgow, en Ecosse.

---

69 Leçon douze. — Twelfth lesson.

Prononciation

EXERCICE DE LECTURE

Récapitulation des principales règles sur les voyelles.

(L'élève devra consulter le tableau page 13, et les règles exposées aux pages ci-dessous indiquées.)

Exercice. — Prononcer à haute voix et très distinctement, en faisant bien ressortir la syllabe accentuée.

1° **At, fat, fate, lamp, match, far, farther, fare, fall, call, fatal.** (Voir pages 9 et 10.)

2° **Me, mete, met, bed, master, sister, bell, shutter, blanket, pepper.** (Page 10.)

3° **It, thin, thick, fine, silence, violet, fir, sir, service, five, nine, dish, knife, dirty** (Pages 10 et 11.)

4° **No, note, not, for, former, doctor** (Page 11.)

5° **Tub, tube, fur, rule, bull.** (Pape 11.)

6° **My, rhyme, syntax, family.** (Pages 11 et 12 et tableau page 13.)

70 GRAMMAIRE

Verbe *aller, être sur le point de...*

Le verbe *aller*, si souvent employé en français dans le sens d'*être sur le point de*, s'exprime en anglais par une formule analogue : *je suis allant*, etc.

PRÉSENT DE L'INDICATIF

I am going to read.	Je vais lire.
He is going to write.	Il va écrire.
We are going to dine...	Nous allons dîner.
You are going to eat...	Vous allez manger...
They are going to take...	Ils ou elles vont prendre.

IMPARFAIT

I was going to accept.	J'allais accepter.
She was going to dress.	Elle allait (s')habiller.
We were going to shut,..	Nous allions fermer...
You were going to clean...	Vous alliez nettoyer...
They were going to send...	Ils allaient envoyer, etc.

71 Verbe IL Y A

Le verbe impersonnel *il y a* (ou son équivalent *il est*) se traduit par le verbe **to be**, précédé de l'adverbe **there**, là, quand il ne se rapporte *ni à un nom de temps ni à un nom de distance.*

Ce verbe, invariable en français, s'accorde en anglais avec le nom singulier ou pluriel qui suit.

INFINITIF

Présent : **there... to be,** y avoir.
Part. prés. **there being,** (là étant), comme il y a ou comme il y avait.

INDICATIF

Présent : il y a	un homme,	**there is** a man (là est...).
	des hommes,	**there are** men (là sont...).
Imparfait : il y avait	un chien,	**there was** a dog (là était...).
	des chiens,	**there were** dogs (là étaient...).

Futur : il y aura { un garçon, des garçons, **there will be** { a boy / boys (là { sera.... / seront..)

Condit. : il y aurait { un livre, des livres, **there would be** { a book / books (là { serait.. / seraient.)

Conjugaison négative : On ajoute *not* après le verbe dans les temps simples, après l'auxiliaire dans les temps composés (voir nº 13).

There is not, there was not, there will not be, etc.

Conjugaison interrogative : On transpose les deux termes du verbe dans les temps simples, on transpose l'auxiliaire et l'adverbe dans les temps composés.

Is there? Y a-t-il? **Was there?** Y avait-il? **Will there be?** Y aurait-il?

Nota. — Avec un nom *de temps* ou *de distance,* il y a s'exprime de diverses manières. Nous les exposerons dans la prochaine leçon.

72 VERBES DÉFECTIFS

Can et may, pouvoir.

Ces deux verbes n'ont que *deux* temps :

Le *présent,* qui exprime aussi une idée *future.*

Le *parfait,* qui traduit l'imparfait, le parfait et le conditionnel français.

Pour remplacer les temps qui manquent, on se sert de la locution **to be able,** être capable.

INDICATIF

Présent et futur

I can go ou	**I may** go,	je peux ou je pourrai aller.
Thou canst go,	**mayest** go,	tu peux ou tu pourras aller.
He can go,	**may** go,	il peut ou pourra aller.
We can go,	**may** go,	nous pouvons ou pourrons aller.
You can go,	**may** go,	vous pouvez ou pourrez aller.
They can go,	**may** go.	ils pourraient, etc, etc.

Imparfait. parfait et présent du conditionnel

I **could** (1) go, ou	I **might** (2) go,	je pouvais, je pus, je pourrais aller, etc.
Thou **couldst** go,	**mightest** go,	
He **could** go,	**might** go,	il pouvait, etc., etc.
We **could** go,	**might** go,	nous pouvions, nous pûmes.

(1) Prononcez *coude.*
(2) Prononcez *maïte.*

You **could** go,	**might** go,	vous pourriez aller, etc.
They **could** go,	**might** go,	ils pourraient, etc., etc..

Conjugaison négative : **I cannot, he cannot** *(en un seul mot).*
I may not, he may not.
I could not, I might not, etc., etc.

Conjugaison interrogative. **Can I? Could I? May I?** etc.

Temps qui manquent

Infinitif présent :	Pouvoir,	**to be able** to go (être capable d'aller)
Participe »	Pouvant,	**being able** to go (étant capable d'aller).
Participe passé	Ayant pu aller,	**having been able** to go... etc.

Remarque. — Le verbe qui suit **can** et **may** se met à l'infinitif incomplet, c'est-à-dire sans le signe *to.*

On dit : *I can go, I may go,* et non *to go.*

Différence entre **can** *et* **may.**

Ces deux verbes signifient *pouvoir*, mais avec une différence de sens bien marquée. Aucune des grammaires que nous avons sous les yeux ne l'explique clairement. Toutes parlent de pouvoir *absolu*, ce qui n'est pas très intelligible.

Il nous semble pourtant assez facile d'expliquer la différence de ces deux verbes d'une manière qui ne soit pas trop obscure.

1° Le pouvoir de faire une chose existe-t-il *dans le sujet?* employez **can. I can read,** je peux lire, parce que je *sais* lire, j'ai en moi la capacité de lire. De là vient que **can** signifie souvent *savoir*, comme l'allemand *können.* **I can walk,** je peux marcher, je possède le *pouvoir physique* de marcher. **I can solve that question,** je peux résoudre cette question, j'ai *en moi* le talent, l'habileté nécessaires pour résoudre cette question.

2° Le pouvoir de faire telle ou telle chose vient-il au sujet *du dehors, des circonstances extérieures?* Y a-t-il permission ou possibilité indépendante du sujet? Employez **may.** Ainsi un écolier pourra dire après avoir achevé ses devoirs : **I may read,** je puis lire, on m'a donné la permission de lire. Le pouvoir qu'il a de lire lui vient *du dehors*, de son maître.

Can exprime donc le pouvoir *intérieur, intrinsèque, personnel, inhérent au sujet.*

May exprime le pouvoir *extérieur, extrinsèque,* venant soit d'une autre personne, comme la *permission,* soit des circonstances extérieures, c'est-à-dire la *possibilité.* D'où les expressions **that may be, may be,** cela peut être, peut-être?

Il est bon de noter ici que les Ecossais se trompent souvent dans l'emploi de ces deux verbes. Ils disent par exemple, you **can** go, pour dire vous avez la permission d'aller. **Can I** read? puis-je, ai-je la permission de lire?

Tout le monde connaît la célèbre phrase de lord Chattam : « *The Englishman's house is his castle; every wind* **may** *enter it, but the king* **cannot,** *the king dare not enter.* » La maison de l'Anglais est son château-fort; tous les vents peuvent y pénétrer, mais le roi ne peut pas, le roi n'ose pas y entrer.

Il semblerait au premier abord que l'orateur devait dire the king *may not*, le roi n'a pas la permission, etc. Mais c'est à dessein que pour donner plus de force à sa pensée, il a dit **cannot**, c'est-à-dire l'Anglais est tellement assuré de l'inviolabilité de son domicile, que le roi lui-même est pour ainsi dire *physiquement incapable* d'y entrer.

Ti'me	(*taï'me*),	le temps (durée, époque).
A **mo'ment**	(*mô'ment*),	un moment.
A **sec'ond**	(*sek'eund*),	une seconde.
A **min'ute**	(*min'it*),	une minute.
A **quarter** of an hour,		un quart d'heure
Half an hour	(*hâf an aour*),	demi-heure.
Hour	(*aour*),	heure (60 minutes).
Day, holiday	(*hol'idé*),	jour, jour férié.
Week-day	(*ouik-dé*),	jour de la semaine, non férié.
Week	(*ouik*),	semaine.
Fortnight	(*fort-naïte*),	quinzaine, 15 jours.
Month	(*meun'th*),	mois.
A quarter	(*quorteur*),	un trimestre (quart de l'année).
A half-year	(*hâf-y'eur*),	une demi-année, un semestre.
A year, leap-year	(*lipe-y'eur*),	une année, année bissextile.
A century	(*cenn'tiouré*),	un siècle.
To-**day** (1)	(*tou-dé*),	aujourd'hui.
Yesterday	(*yesteudé*)	hier.
The **day** before **yesterday**,		(le jour), avant-hier.
To-**mor'row**	(*tou-moro*),	demain.
The **day** after **to-morrow**,		(le jour), après-demain.

(1) Pour les jours de la semaine et les mois de l'année, voir pages 75 et 76.

This day week,		d'aujourd'hui en huit.
Mor'ning	*mór-ningne*),	matin.
Forenoon	(*fòre-noun*),	avant-midi, matinée.
Noon, mid-day	(*mid'dé*),	midi, milieu du jour.
After-noon	(*âfteur-noun*),	après-midi.
Evening	*ive-ningne*),	soir.
Ni'ght	(*naï'te*),	nuit.
To-night	(*tou-naïte*),	ce soir.
Midnight	(*mid'naïte*),	minuit.
Season	(*si-zeun*),	saison.
Spring	(*springne*),	printemps.
Sum'mer	(*seum'meur*),	été.
Autumn	(*ô-teum*),	automne.
Win'ter	(*ouin'teur*),	hiver.
Midsummer	(*midseumeur*),	mi-été, la Saint-Jean.
The **pres'ent**	(*préz-eunt*),	le présent.
The **past**	(*pâst*),	le passé.
The **fu'ture**	(*fiou'tsheur*),	l'avenir.

ADJECTIFS

Daily	(*dé-lé*),	quotidien.
Weekly	(*ouik'lé*),	hebdomadaire.
Monthly	(*meun'thlé*),	mensuel.
Yearly	(*y'eurlé*),	annuel.

NOTA. — Ces quatre derniers mots sont également adverbes, dans le sens de quotidiennement, etc., ou par jour, par semaine, par mois, par an, chaque année, etc.

VERBES

To **pass away** (*pass a-oué*), passer, s écouler.
To **fly, flew, flown,** v. irr., fuir, voler.
To **end,** to **finish,** finir.
To begin *bé-guin'*), **began,** begun, commencer.
To **divi'de** *di-vaï-de*), diviser, partager.
To **grow** (*gró*), **grew** (*grou*), **grown,** croitre, grandir, devenir.
To **stop, stopped, stopped,** arrêter.
To **lose** (*louze*), **lost, lost,** perdre.
How much? combien de (singulier), *how much bread?* combien de pain?

How many? combien de (pluriel), *how many books?* combien de livres
For, pour *et devant un nom de temps,* pendant, durant.
Till, until, jusqu'à, jusqu'à ce que...
When, quand, lorsque.
Whi'le tandis que, pendant que...
Or, ou (conjonction.)

VERSION DOUZE. — TWELFTH TRANSLATION

Time is money. — Time flies, passes away; nothing can stop its course. — You lose your time. — Lend me that book for some time. — I have no time to speak to you. — There is a time for every thing. — In old times or in times of old. — There was a time when he was not so rich. — You come in time. — I write him from time to time. — Have you time to read the letter? — He stopped there for a long time. — I shall tell (*dire*) you when it is time to go. — I began several times (*fois*). — How many minutes are there in an hour? — Sixty. — How many hours are there in a day? — Twenty-four. — How many days are there in a year? Three hundred and sixty-five. — And in a leap-year? — Three hundred and sixty-six. — In a leap-year February has twenty-nine days. — An hour is the twenty-fourth part of a day. — A quarter is the fourth part of any thing; a quarter of an hourour fifteen minutes; a quarter is the fourth part of a year or three months. — The day which begins the four quarters of a year is called quarter-day; they are : 1 Lady day March 25th); 2 Midsummer day (June 24th); 3 Michaelmas day (*Saint Michel,* September 29th); and 4. Christmas day (*Noël.* December 25th). He will come this day week. — I shall begin the day after to-morrow. Good morning, sir. — Good afternoon. — Good evening. — Good night. — He will never grow rich. — Can you come at noon? — No, but I shall come in the afternoon. — Spring is the finest season of the year; it begins on the 21rst of March and ends on the 21rst of June. — He was there for a month. — When will he come? — On Tuesday, next week. — While you were in your room, I was in the garden. — There is a tailor (*tailleur*) in our house, I am going to buy a new great-coat.

TWELFTH EXERCISE. — THÈME DOUZE

Je vais acheter ce meuble, il est très beau. — Nous allons ouvrir cette fenêtre. — Il va allumer sa lampe. — J'allais m'asseoir, quand vous m'avez appelé. — Quand viendrez-vous? — Je viendrai mardi prochain. — Il perd son temps. — Elle arrive à temps. — Ecrivez-moi, s'il vous plait, de temps en temps. — Nous n'avons pas le [aucun] temps de lire ce livre. — Combien y a-t-il de secondes (1) dans une minute? — Soixante — Je vous écrirai d'aujourd'hui en huit. Quand m'avez-vous écrit cette lettre? — Je l'ai écrite (2) jeudi dernier. — Nous correspondons avec cette maison toutes les semaines [chaque semaine]. — Que voulez-vous prendre? — Je vais prendre un verre de bière. — Il y a un verre sur le plateau, prenez-le. — Il y a sept jours dans une semaine et douze mois dans une année. — Il y a trois cent soixante-six jours dans une année bissextile. — Il y avait six couteaux dans le buffet; où sont-ils maintenant? — Je m'arrêtai là pendant deux mois. — Pouvez-vous venir demain matin? — Non, je viendrai après-demain, dans l'après-midi. — Puis-je prendre cette chaise? — Vous pouvez la prendre. — Le dîner était meilleur que le déjeuner. — Ce gigot est saignant, je ne l'aime pas. — Pouvez-vous m'envoyer ces marchandises mercredi prochain? — Nous les enverrons, si nous pouvons. — Cet enfant joue avec son frère. — Il essaye de le faire, mais il ne peut pas. — Combien de lait pouvez-vous nous donner? — Cette petite fille commence à grandir. — Combien de chemises avez-vous? — Deux douzaines (*dozen*) (3).

EXPRESSIONS COMMERCIALES

A **ship**, a **vessel**,		un navire, vaisseau.
To **charter**, to **freight**	(*fré'te*),	affréter, fréter.
A **charter-party**,		une charte-partie.
Charterer, freighter,		affréteur, fréteur.
To **stow** (*stô*), **stowage**,		arrimer, arrimage.
Bound to ou **for...**		en partance pour, allant à..
Arri'val	(*arraï-val*),	arrivage { de marchandises. / d'un navire.
To **inform**, to **appri'ze**,		annoncer.
A'gent, a'gency	(*é'djent*),	agent, agence.
Sworn **broker**	(*souôr'ne*),	courtier assermenté.
Insu'rance	(*inshou'rance*),	assurance.
To **insure**	(*inshoure*),	assurer.

(1) Ne séparez pas le substantif de combien. *How many seconds...*

(2) Quand l'action exprimée par le verbe est entièrement passée, employez toujours le *parfait* et non le passé indéfini. Dites : Je l'écrivis.. *I wrote it.*

(3) Le mot *dozen* ne prend pas la marque du pluriel : *one dozen, ten dozen.*

Il en est de même des mots **pair**, paire; **brace**, couple (en parlant du gibier), quand ces mots sont précédés d'un nom de nombre.

Ex. : *Fifty brace of pheasants.* Cinquante couple de faisans.

To insure out and home		assurer l'aller et le retour.
Policy of insurance,		police d'assurance.
Damage	(*dam'edje*),	avarie.
Damaged	(*dam'édj'd*),	avarié.

EXERCICE

To charter a ship is to let or to hire (1) a ship on contract. — Our ship is chartered for a voyage to Calcutta. — A charterer is a man who *Charters* or hires a ship under a charter-party. — What is a charter-party? — It is an agreement (2) or indenture between the owner (3) of a ship and a merchant for the conveyance (4) of goods. — We call stowage the operation of stowing, particularly (5) the arrangement in a vessel of the different articles comprising (6) the cargo (7), so that (8) they may not be injured (9) by friction or by a leakage (10) of the vessel. — The money paid for stowing goods is also (11) called stowage. — Our ship is bound to New-York. — We have insured her (12) out and home (13). — Our sworn broker will not receive the goods, if they are damaged.

CONVERSATION N° 12

Contractions et abréviations

Les contractions, très usitées dans la conversation, rendent la langue parlée assez difficile à comprendre pour les étrangers. Nous allons donner successivement les plus communes. Nous engageons l'élève à les prononcer souvent pour habituer son oreille à les saisir.

---

(1) Voir page 26.
(2) Contrat, *indenture*, contrat fait en double, découpé par la moitié en *dentelure*, comme les quittances à souche.
(3) Propriétaire, armateur.
(4) Transport de, *to convey*, transporter, v. p. 44.
(5) Particulièrement.
(6) Comprenant.
(7) Cargaison.
(8) De sorte que.
(9) Détérioré.
(10) Voie d'eau.
(11) Aussi.
(12) Les mots *ship*, *vessel*, etc., sont féminins, v. p. 23, n° 2.
(13) *out*, au-dehors, en pays étranger; *home*, patrie, pour revenir au pays.

1° *Contractions du verbe* **to be**, être

On dit :	**I'm**	pour **I am,**	pron. *aïme.*
	He's. it's	» **he is, it is,**	» *hiz, its.*
On dit :	**We're, you're,**	pour **we are, you are,**	pron. *ouï're, you're.*
	Here's, that's	» here is, that is,	» *hirz, that's.*
	Ain't / **An't,**	**is not,** / **am not,** / **are not,**	*eénn't.*

2° *Contractions du verbe* **to have**, avoir.

I've pour **I have,** prononcez *aï've*
We've, you've, they've pour **we have,** etc.
He's » **he has.**
I'd » **I had,** pron. *aï'de.*

3° *Shall, will, would.*

I'll	pour **I will,**	prononcez	*aï'll.*
Won't	» **will not,**	»	*ouón'te.*
Shan't	» **shall not,**	»	*chân'te.*
We'd	» **we would,**	»	*ouï'de.*

4° L'adverbe *not* contracté en *n't* après les auxiliaires.

Don't pour **do not** (*dòn'te*); **won't, shan't** (voir ci-dessus).
Can't » **cannot, mayn't** pour **may not,** etc.

You'll tell me who was with you.	Vous me direz qui était avec vous.
I won't tell it you.	Je ne veux pas vous le dire.
I'm sure (*choure*) he will come.	Je suis sûr qu'il viendra.
They shan't do it, if I can help it.	Ils ne le feront pas, si je puis l'empêcher.
You never open your lips to me when you're at home; it isn't so, when you're out, I'm sure.	Vous ne m'ouvrez jamais les lèvres quand vous êtes à la maison; il n'en est pas ainsi, j'en suis sûre, quand vous êtes au dehors.
Here, there's no getting a word from you.	Ici, il n'y a pas moyen de vous arracher une parole.
You'd be a better man.	Vous seriez un homme meilleur.
No, don't say that.	Non, ne dites pas cela.
Don't begin now.	Ne commencez pas à présent.

4 Treizième leçon. — Thirteenth lesson

PRONONCIATION

I a le son long alphabétique (*aïe*, voir pages 4, 10 et 13), devant **gh**, **gn**, **ld**, **lst**, **mb** et **nd**.

1° Devant **gh**

Si*gh*	(*saï*),	soupir.	To **si*gh***,	soupirer.
Hi*gh*	(*haï*),	haut.	**Ni*gh***,	proche, près.
Ni*gh*t	(*naï'te*),	nuit.	**Si*gh*t**,	vue.
Fi*gh*t	»	combat.	To **fi*gh*t**,	combattre.
Bri*gh*t	»	brillant.	**Li*gh*t**,	lumière.
Ri*gh*t	»	droit.	**Wi*gh*t**,	individu.

On remarquera que dans tous ces mots **gh** est muet. En général la suppression d'une ou de plusieurs consonnes dans une syllabe, *rend longue* la voyelle qui précède. Comparez les mots français *apôtre*, *épitre*, *hôte*, *hâte*, etc., dans lesquels la suppression de l'*s* a rendu longue la voyelle précédente.

2° Devant **gn**.

Si*g*n	(*saï'ne*),	signe.	To **si*g*n**,	signer.
Ensi*g*n,		enseigne.	**Ensi*g*ncy**,	grade d'enseigne.

Mais le mot **signal** se prononce *sig'nal*, parce que le *g* n'est pas muet,

3° Devant **ld**.

Child	(*tchaï'ld*),	enfant.	**Mi'ld**,	doux, indulgent.
Wild,		sauvage.		

Mais dans **children** l'i est bref.

4° **Whilst**, tandis que, se prononce *ouaïlst*.

5° *I* est long dans tous les mots terminés en **ind**.

Blind	(*blaïnd*),	aveugle	To **bind**,	lier.
To **find**,		trouver.	**Mind**,	esprit, intelligence.
Behind,		derrière, après.	**Kind**,	bon, bienveillant.

To **wind** (*ouaïne*), tourner, dérouler, serpenter.

Exception unique : **Wind**, le vent *(ouind)*. Lorsque ce mot sert de rime à la fin d'un vers, on le prononce *ouaïnd*.

6° Devant **mb**.

To **climb**, grimper; **chimb**, extrémité des douves d'un baril.

Excepté **limb** (*lim'*), membre (du corps).

75 IL Y A, se rapportant à la *distance*

Lorsqu'*il y a* se rapporte à la distance, on le traduit par **It is**.

Ex. : Il y a quatre lieues de Paris à Versailles,
It is *four leagues from Paris to Versailles.*

Combien y a-t-il se dit : **How far is it?**

Combien y a-t-il de Paris à Londres?
How far is it from Paris to London?

76 IL Y A se rapportant au *temps*

Lorsqu'*il y a* se rapporte au temps, on tourne la phrase de différentes manières.

1° *Temps passé :* **Ten years ago.**

Lorsque l'on veut indiquer l'époque à laquelle un fait s'est passé, *sans avoir en vue l'espace de temps qui s'est écoulé depuis*, on supprime *il y a*, et l'on fait suivre le nom du temps de l'adverbe **ago**, qui vient du verbe *to go, gone*, part. passé. (1)

Le verbe se met alors toujours au *parfait* ou temps simple.

Il est mort ou il mourut.	il y a dix ans il y a deux mois. il y a huit jours. il y a deux jours. il y a longtemps.	He died (*hi'daï'-de*)	ten years **ago**. two months **ago**. a week **ago**. two days **ago**. long **ago**.

2° *Espace de temps depuis...* **It is a year since...**

Au contraire, si l'on veut marquer plus spécialement *l'espace de temps* qui s'est écoulé depuis qu'un fait a eu lieu, on traduit *il y a* par **it is**; *il y avait* par **it was**; la négation se retranche, et le *que* se traduit par **since** depuis :

(1) Au lieu de **ago**, on emploie quelquefois **back**, en arrière, ou **since**, depuis *Two years back* (deux ans en arrière); il y a deux ans.

Il y a un an que je ne l'ai vu. **It is** *a year* **since** *I saw him*
Il y avait un an que je ne l'avais vu. **It was** *a year* **since** *I had seen him.*

3° I have had this letter (for) this hour

Quand on veut exprimer depuis combien de temps dure une action encore présente, on supprime *il y a*, et l'on fait précéder le nom de temps de **this** pour le singulier, de **these** pour le pluriel.

Le présent français se traduit alors par le *passé indéfini anglais.*

Il y a une heure que j'ai votre lettre. *Tournez* :
J'ai eu votre lettre cette heure-ci.
I have had your letter this hour ou for this hour.

Même tournure avec *il y avait.*

On supprime *il y avait* et l'imparfait suivant se tourne par le plus-que-parfait.

Ex. : Il y avait quatre heures que je lisais. *Tournez :*
J'avais été lisant quatre heures.
I had been reading four hours.

Combien? Depuis quand? se disent **how long?**
Combien y a-t-il que vous apprenez l'Anglais?
How long have you been learning English?

77 MOTS USUELS

Manière d'indiquer l'heure.

Nota. — Pour les divisions du temps, voir n° 73, page 98.

Di'al	*(daï-al)*,	cadran.
Sun'dial	*(seun'daï'al)*,	cadran solaire (**sun**, soleil).
Clock'	*(clock)*,	horloge.
Ti'me-piece	*(taï'me pi-ce)*,	pendule, montre, chronomètre.
Hour-glass	*(a'our-glass)*,	sablier.
Watch	*(ouotche)*,	montre.
Bell	*(belle)*,	cloche, sonnette.
Hand'	*(hann'de)*,	aiguille (de cadran).
Fa'ce	*(fé'ce)*,	cadran (d'une montre, etc.).
Spring	*(springne)*,	ressort.
Main-spring	*(mé-ne)*,	grand ressort (**main**, principal).
Pendulum	*(pen'diouleum)*,	balancier.
Bal'ance	*(bal'ance)*,	balancier.
Wheel	*(houi-le)*,	roue.

A. M. (pron. é, m), abrév. de *ante meridiem* (latin), avant midi.
P. M. (pron. pi, m), » *post meridiem* (latin), après midi.

ADJECTIFS

Fast	*(fâst)*,	vite (en avance).
Slow	*(slô)*,	lent (en retard).
Out of order	*(a'out ov ôrdeur)*,	détraqué, dérangé.

VERBES

To **wind** *(ouaïn'd)*, **wound, wound** *(oua'ound)*, remonter.
To **stri'ke** *(straï'ke)*, **struck, struck**, frapper, sonner.
To **stop, stopped, stopped**, arrêter, s'arrêter.
To regulate *((regg'ioule'te)*, régler.
To **set, set, set**, régler.
Early *(eurlé)*, de bonne heure; **la'te**, tard.

Remarque. — En français, on exprime d'abord l'heure puis les minutes.

Ex. : *Deux heures dix; trois heures vingt.*

On fait le contraire en anglais.

On exprime d'abord les minutes, puis l'heure, en se servant des deux prépositions **past**, passé, au-delà de, et **to**, vers.

Les minutes ou fractions de l'heure se rattachent à l'heure la plus proche. Le cadran est donc censé partagé en deux parties égales : la partie à droite, y compris la demi, se compte avec l'heure *passée*; la partie à gauche avec l'heure *future*.

Ex. : 1° Deux heures vingt-cinq, *dites : vingt-cinq minutes passé deux.*
Twenty-five minutes past two

2° Trois heures moins vingt, *dites : vingt minutes vers trois.*
Twenty minutes to three

Quelle heure est-il? **What o'clock is it?**

O'clock est l'abréviation de **of the clock**, *what o'clock is it?* signifie donc littéralement : *quoi de l'horloge est-ce?*

On dit encore : **What time is it?** Quel temps (moment) est-ce?

Nota. — La préposition **à** dans les phrases suivantes : *à ma montre, à l'horloge,* se traduit par **by** *(baï)*.

It is three **by** *my watch,* il est trois heures à ma montre.

VERSION TREIZE. — THIRTEENTH TRANSLATION

What o'clock is it? — It is half past two. — It is a quarter past three. — It is twenty five minutes past eight. — It is twenty minutes to nine. — It is a quarter to ten. — It is five minutes to eleven. — At what time will you come? — I shall come at a quarter past one, in the afternoon. — What time is it by your watch? — It is five minutes to six. — It is twelve o'clock (in the day); it is twelve o'clock (in the night). — It is noon; it is midnight. — At noon. — An hour and a half. — We go ten miles (1) an hour. — We have been there two good (ou) two full hours. — You will take a glass of this wine every hour; every half-hour. — We shall take a cab (*fiacre*) by the hour. — You must get up every morning at six o'clock. — The clock is striking four; the clock has just struck six (a justement frappé, vient de sonner). — I'll set my watch. — Have you regulated your clock? — It is time to dine. — Come at four P. M. — His last hour was at hand (sous la main, c.-à-d. proche). — His hour had not yet come. — I shall get up early. — You come too late. — From day to day. — From hour to hour. — In a short (*court*) time. — To the end of time. — Till dooms-day (jour du jugement dernier). — My watch has stopped. — It is not wound up. — Wind it up. — Your watch is too fast; no, it is too slow. — How far is it from London to Brighton (*braïteun*)? — It is fifty miles. — She was at Liverpool ten years ago. — I was with him an hour ago. — It is six years since I saw him. — I have been reading that book this hour. — How long have you been in Paris? About (*aba'out, environ*) six months.

THÈME TREIZE. — THIRTEENTH EXERCISE

Quelle heure est-il à votre horloge? — Il est sept heures et demie. — Il est trois heures cinq. — Il est quatre heures et quart. — Il est six heures vingt. — Il est sept heures moins vingt. — Il est onze heures moins cinq. — Il est midi. — L'horloge est arrêtée (1). — Elle n'est pas remontée, je vais la remonter. — L'horloge sonne quatre heures, elle vient de sonner trois heures et demie. — Depuis quand êtes-vous ici? — Depuis une heure. — J'étais à New-York il y a trois ans. — Il y a une heure qu'il est là. — Combien y a-t-il de Londres à Richemond? — Environ dix milles. — Il est mort il y a vingt ans. — Combien y a-t-il

---

(1) Mi'le, mesure de longueur, mille, environ 1,609 mètres.

(1) Traduisez : *a arrêté*. On emploie le verbe *to have* pour marquer l'action; le verbe *to be* pour marquer l'état. *He has come*, il a fait l'action de venir, il est venu. *He is come*, il est ici présent.

que vous habitez Londres? — Il y a trois ans que j'habite Londres. — Nous prendrons une voiture (*cab*) à l'heure. — Il y avait dix ans que je ne vous avais vu. — Je vais remonter et régler votre montre. — Le grand ressort n'est pas cassé (*broken*), mais le mouvement (*movement*) est dérangé. — Ma montre avance et la votre retarde. — Il arrivera sur le coup (*stroke*) de quatre heures. — On sonne, [la sonnette sonne, v. p. 26]. — Ils travaillent à l'heure. — Il viendra à dix heures du matin [avant midi]. — Je vous écrirai à six heures du soir [après midi]. — Elle se lève de bonne heure et se couche [va au lit] très tard. — Il viendra dans une heure ou deux. — Nous dînerons entre (*between*) cinq et six heures. — Venez à cinq heures précises (*precisely*, adverbe, exactement, prononcez (*pri-çaïce'lé*). — Il est cinq heures et demie à ma montre. — L'aiguille de cette montre est cassée. — Il y a un cadran solaire sur le mur de votre maison, au-dessus de (over) la porte.

EXPRESSIONS COMMERCIALES

Cárgo,	cargaison, *plur*. cargoes.
Shipment,	chargement, embarquement.
To **la'de** a ship,	charger un navire.
La'ding,	action de charger, cargaison.
Bill of lading,	connaissement.
To cast the lading overboard,	jeter la cargaison par dessus bord.
To **consi*g*n**,	consigner.
To send some goods on consignment,	envoyer des marchandises en consignation.
To send invoice and bill of lading,	envoyer la facture avec le connaissement.
Consi*g*ner,	personne qui consigne.
Consi*g*nee (*consaïni* ou *consini*),	consignataire.

We sent a consignment of cotton. — Consignment is also the writing (*l'acte écrit*)) by which any thing is consigned. — The words (*mots*) freight, cargo and lading are all used (employés) to denote the merchandise or substances, with which a vessel is laden. — The verb ***to lade*** is irregular : ***to lade, I laded, laden.***

CONVERSATION

Contractions et abréviations usuelles (Voir leçon précédente).
Pronoms

On dit :	**by't**	pour	**by it,**	par cela.
	for't	»	**for it,**	pour cela.
	'tis	»	**it is,**	c'est.
	'twas	»	**it was,**	c'était.
	'twould	»	**it would,**	ce serait.
	with'em	»	**with them,**	avec eux.
	let's	»	**let us,**	permettez-nous, 1° pers. plur. impératif.

What time is it by your watch?	Quelle heure est-il à votre montre?
I don't know, I've not my watch.	Je ne sais pas, je n'ai pas ma montre.
Can you come with me?	Pouvez-vous venir avec moi?
Who's there with you?	Qui est là avec vous?
Nobody.	Personne.
You might have come.	Vous auriez pu venir.
I tell you I could not.	Je vous dis que je n'ai pas pu.
That may be.	Cela se peut.
Where was he yesterday?	Où était-il hier?
Yesterday he was in town.	Hier il était allé à la ville.
How much do you receive yearly?	Combien recevez-vous par an?
Six thousand francs.	Six mille francs.
How many books did you buy?	Combien avez-vous acheté de livres?
Two hundred and fifty.	Deux cent cinquante.
Did you wind up my watch?	Avez-vous remonté ma montre?
No, I didn't.	Non, je ne l'ai pas remontée.
Where were you two years ago?	Où étiez-vous il y a deux ans?
Two years ago, I was in Dublin.	Il y a deux ans, j'étais à Dublin.
'Twould have been difficult.	C'eût été difficile.
You can't be there till eleven o'clock.	Vous ne pouvez pas être là jusqu'à onze heures.
That's fourteen years ago!	Voilà quatorze ans.
If I am altered, whose fault is it?	Si je suis changé, à qui la faute?
Not mine, I'm sure.	Ce n'est pas la mienne, à coup sûr.
I'll get up.	Je vais me lever.
No, you won't, for I've locked the door.	Non, vous ne vous lèverez pas, car j'ai fermé la porte à clef.

 Leçon quatorze. — Fourteenth lesson.

PRONONCIATION

Sons particuliers des voyelles

Outre les trois sons principaux que nous avons expliqués en tête des leçons 2, 3 et 4, *son long*, *son bref*, *son guttural et vibrant*, les voyelles ont certains sons particuliers que nous allons étudier dans le cours des leçons suivantes.

*Son long français de l'***A**, *comme dans pâle* (voir p. 9, n° 3)

L'A a le son long du français *pâle ou pâtre.*

1° Devant **th, lf, lve, lm.** (Dans ces trois derniers cas, *l* est muette. Prononcez :

Father	*(fâ-ther)*,	père.
Bâth	*(bâth)*,	bain
Half	*(hâ-fe)*,	moitié, demi.
Halves	*(hâ-vze)*,	moitiés.
Balm	*(bâ-me)*,	baume.
Calm	*(câ-me)*,	calme.
Alms	*(âmze)*,	aumône.

2° **A** a le même son long français, mais un peu moins ouvert devant **ft, nt, st, ss, nc.**

After	*(âfteur)*,	après.
Plant	*(plân't)*,	plante.
Can't	*(cân't)*,	peux pas, pour **cannot.**
Shan't	*(shân't)*,	dois pas, pour **shall not.**
Last	*(lâst)*,	dernier.
Past	*(pâst)*,	passé.
Glass	*(glâsse)*,	verre
Dance	*(dânce;*	danse.

NOTA. — Dans certaines parties de l'Angleterre, on donne à ces derniers mots le son bref de l'*a*; mais à Londres, où l'on parle bien, on leur donne le son long que nous indiquons ici.

Verbes défectifs **Must et Ought**

1° **Must,** falloir, exprime la *nécessité.*

Ce verbe n'a qu'un temps et n'est pas impersonnel comme *il faut* en français. Le verbe qui suit, se met à l'infinitif incomplet, c'est-à-dire sans le signe *to.*

Présent, qui exprime parfois une idée *future*

I must go,	il faut ou il faudra que j'aille.		
Thou must go,	»	»	tu ailles.
He must go,	»	»	il aille.
We must go,	»	»	nous allions.
You must go,	»	»	vous alliez.
They must go,	»	»	ils ou elles aillent.

Nota. — Un moyen facile de ne pas se tromper pour traduire *il faut,* c'est de le remplacer par *devoir* et de traduire alors en suivant l'ordre des mots du français.

Ex. : *Il faut que nous allions.*
Tournez : *Nous devons aller*
We must go.
Il faut que mon frère vienne.
Tournez : *Mon frère doit venir*
My brother must come.

Remarque. — Pour remplacer les temps qui manquent, on se sert de l'expression **to be obliged,** être obligé.

Ex. : Il nous fallut aller. *We were obliged to go.*

2° **Ought,** devoir (obligation morale, pron. *aûte,* son de *o* très ouvert, comme dans *nord,* (voir page 78, n° 2).

Ce verbe n'a qu'un temps avec le sens du *présent,* du *passé* de l'indicatif et du *présent du conditionnel.*

I ought to go,	je dois, je devais, je devrais aller.
Thou oughtest to go,	tu dois, tu devais, tu devrais aller.
He ought to go,	il doit, il devait, il devrait aller.
We ought to go,	nous devons, devions, devrions aller.
You ought to go,	vous devez, deviez, devriez aller.
They ought to go,	ils doivent, devaient, devraient aller.

Remarque. — Comme pour le verbe *must*, on se sert pour remplacer les temps qui manquent, de l'expression *to be obliged*, être obligé, quelquefois de *should*, mais à la 2e et à la 3e personne seulement. A la première personne, il y aurait confusion avec le conditionnel.

Le verbe auxiliaire et défectif *shall*, parfait *should*, vient du mot saxon *sceal*, devoir, et a toujours conservé une idée de *devoir* ou *d'obligation*.

Nota. — **Ought** est le seul des verbes auxiliaires ou défectifs, qui soit suivi de l'infinitif complet avec *to*. On dit : *I shall go, I will go, let me go, I can go, I may go, I must go.* mais *I ought* **to** *go.*

Récapitulation des verbes auxiliaires

Comme on peut le voir, la conjugaison anglaise comprend un bien plus grand nombre *d'auxiliaires* que la conjugaison française, qui n'en a que deux : *avoir* et *être.*

En anglais, nous avons les auxiliaires de temps.

1° **To be**, pour les temps d'actualité et de simultanéité. (V. p. 28).

2° **To have**, pour les temps passés composés.

3° **Shall** et **will**, **should** et **would** pour le futur et le conditionnel.

Auxiliaires de *modes.*

1° **Let**, pour l'impératif.

2° **Can** et **may**, pour le mode *potentiel* (subjonctif).

Auxiliaires de *conjugaisons.*

1° **To be**, pour le passif.

2° **To do**, pour les conjugaisons négatives, interrogatives et d'affirmation forte. (Voir p. 29.)

VERBES SEMI-AUXILIAIRES

1° **Must**, il faut que, nécessité absolue.

2° **Ought**, devoir, obligation morale.

80 MOTS USUELS

'Tem'perature	(*tem'peretsheur*),	la température.
The **weather**	(*ouelh'eur*),	le temps. (1)
The **sky'**	(*skaï*),	le ciel, firmament.

(1) Ne pas confondre *weather*, état de l'atmosphère, avec *time*, temps, durée, époque, que nous avons étudié dans la leçon 12.

The **sun**'	(*seun'*).	le soleil.
The **moon**	(*moun'*),	la lune.
A **star**	(*stâr*),	une étoile.
The **earth**	(*eurth'*),	la terre.
The **sea**	(*si*),	la mer.
The **air**	(*air*),	l'air.
The **north** adj. northern	(*nórth*),	le nord, septentrional.
The **south** adj. southern	(*south, seuthern*),	le sud, méridional.
The **east**, adj. eastern	(*iste*),	l'est, oriental.
The **west**, adj. western	(*ouest*),	l'ouest, occidental.

Noms			*Adjectifs correspondants*	
Rain	(*ré-ne*),	pluie.	**Rainy**,	pluvieux.
Shower	(*shaoueur*),	ondée.	**Showery**,	pluvieux.
Dew	(*diou*),	rosée	**Dewy**,	couvert de rosée.
Frost	(*froste*),	gelée.	**Frosty**,	gelé, glacé.
Chill	(*tchill*).	froid, frisson.	**Chill, chilly**,	froid, frileux.
Snow	(*snó*),	neige.	**Snowy**,	neigeux.
Fla'ke	(*flé-ke*).	flocon.	**Fla'ky**,	floconneux.
Hail	(*hé-le*),	grêle.		
Hail-Stone		grêlon.		
Storm	(*stórm*).	orage, tempête.	**Stormy**,	orageux.
Cloud	(*cla'oud*),	nuage.	**Cloudy**,	nuageux.
Fog'	(*fogg*).	brouillard.	**Foggy**,	brumeux, de brouillard.
Mist	(*miste*).	brume, brouillard.	**Misty**,	brumeux, sombre.
I'ce	(*aï-ce*).	glace.	**Icy**,	glacé, glacial.
I'cicle	(*aï'cick'l*).	glaçon.		
Sleet.		grésil.	**Sleety**.	de grésil.
Wind	(*ouind'*),	vent.	**Windy**,	venteux, de vent.
Lightning	(*laïl'ning*).	éclair, foudre.		
Thunder	(*theun'deur*),	tonnerre.	**Thundery**,	orageux.
Heat	(*hi-te*).	chaleur.	**Hot**,	chaud.
Warmth	(*ouârmth*).	chaleur (modérée).	**Warm**,	chaud (modérément)
Cold	(*côlde*),	le froid.	**Cold**,	froid, froide.
Cool (*coûl*),	**Coolness**.	fraîcheur	**Cool**,	frais, fraîche.
Mildness	(*maïld*),	douceur.	**Mild**,	doux, tempéré.

Autres adjectifs fréquemment employés avec le mot **Weather.**

Ge'nial *(dj'nial)*,	propice, fécond.	**Ungenial,**	rigoureux, âpre.
Sunny, Bright,	ensoleillé.	Overcast,	couvert, sombre.
Clo'se *(clôce)*,	fermé, qui manque d'air.	**Fresh,**	frais, rafraîchissant.
Sultry *(seultré)*,	étouffant.	**Bleak** *(blike)*,	froid, glacial.
Torrid,	brûlant, torride.	**Piercing,**	pénétrant, vif.
Dry *(draïe)*,	sec.	**Raw,**	froid et humide.
Wet *(ouet')*,	mouillé.	**Damp,**	humide.
Fine *(faï'ne)*,	beau.	**Bad'**	mauvais.
Pu're, clear *(cli-eur)*,	pur, clair.	**Stormy,**	orageux.
High,	élevé.	**Low,**	bas.

VERBES

Le verbe **il fait** en parlant du temps, se traduit par **it is.**

Les verbes qui expriment les divers états de la température sont *impersonnels* ou *unipersonnels;* ils ont tous pour sujet le pronom neutre **it.**

Ex. : **It rains,** il pleut; **it was raining,** il pleuvait.

To **rain**	pleuvoir.	To **snow**	neiger.
To **hail,**	grêler.	To **drizzle,**	bruiner, tomber en petites gouttes.
To **lighten,**	éclairer.	To **thunder,**	tonner.
To **freeze, froze, frozen, geler.**			
To **thaw,**	dégeler.	**Thaw** (subst.), dégel.	

VERSION QUATORZE. — FOURTEENTH TRANSLATION

It rained yesterday. — It was raining when you came. — It lightens. — It thunders. — Did it freeze last night? — Yes, it frose very hard. — It is thawing now. — It hailed last year. — It snowed last week in London. — The barometer is rising (*monte*) in the south and west. — It is fine weather at present. — To-day, Dec. 15th 6 P. M. the wind has veered (*virer, tourner*) to the southwest. — The weather is improving (*to improve, s'améliorer*). — At six o'clock this evening pressure (*pression atmosphérique*) was highest, 30 4 in. (1) in the south of Sweden (la Suède); lowest, 29 3 in. in a depression in the north-west of Ireland. —

(1) *30 4 in.* signifie *30 inches 4 tenths of an inch,* 30 pouces 4 dixièmes, ou environ 750 mm.

Temperature was highest 54 deg. (1) at Jersey and 53 deg. at Biarritz; lowest, 28 deg. at Stockholm. — Yesterday the weather was overcast, with the temperature low. — At 4. 30 this morning our thermometer registered 35 deg. Fahr. — The weather was bright and mild at Nice yesterday. — The thermometer did not rise above 51.6 degr. Fahr. — The thermometer has gone down to zero; is five degrees above zero; is ten degrees below (au-dessous de) zero. — How is the weather? (littéralement : comment est le temps, c.-à-d. quel temps fait-il?) — Temperature for the last 24 hours; maximum 32.6; minimum 29.8. — No sunshine (soleil, clarté du soleil). — Mist all day. — Showers of snow, hail and sleet fell (to fall, tomber, parfait fell) during last night.

THÈME QUATORZE. — FOURTEENTH EXERCISE

Quel temps fait-il? — Il fait beau temps. — Il fait très chaud; il fait très froid. — Le ciel est couvert. — Il y a beaucoup de nuages; il pleuvra ce soir. — Il a neigé hier. — Il fait des éclairs; il tonnera. — Il a gelé ce matin; la glace est très épaisse (*thick*). — Le thermomètre est descendu à 10 degrés au-dessous de zéro. — Le temps est très pur; il n'y a pas un nuage dans le ciel. — Le froid est pénétrant ce matin. — Nous avons chaque matin un épais brouillard. — Le baromètre monte. — La pression est très élevée au sud de la France. — Aujourd'hui, 14 février, à 7 heures et demie, la température est très basse; le thermomètre est à 5 degrés au-dessous de zéro; hier, il était à 6 degrés au-dessus de zéro. — Un changement subit (*sudden change*) s'est produit (*took place*) dans le temps. — Le ciel est devenu noir et orageux. — Le vent fut suivi de (*was followed by*) la pluie, et la pluie fut suivie de grésil, le grésil de neige. — Maintenant le temps s'éclaircit (is clearing up); il va faire beau [il sera beau temps]. — Un éclair (*a flash of lightning; flash*, éclat, lueur soudaine) sillonna (*rent*) la nue. — Rapide comme (*as quick as*) l'éclair. — Il fut tué (*killed*) par (la) foudre.

EXPRESSIONS COMMERCIALES

Cus'toms, du'ties, imposts,	droits de douane.
Custom-house,	bureau de la douane.
Bag'gage, lug'gage,	bagages,
No duty,	pas de droit, rien à payer.

(1) En Angleterre, aux Etats-Unis et dans les Colonies anglaises, on se sert du thermomètre Fahrenheit. 32 degrés Fahrenheit égalent 0 centigrade et 212 degrés (point d'ébullition) égalent 100 degrés centigrades; de sorte que 10 degrés centigrade = 18 degrés Fahrenheit.

Pattern,	échantillon, modèle.
Sample,	échantillon.
To **export'**	exporter.
Exportation,	exportation.
To **import,**	importer.
Importation,	importation.
Box, trunk,	malle, coffre.
Cask,	tonneau, baril.
Case (*ké-ce*),	caisse, boîte.
Exci'se,	accise (contribution directe sur les spiritueux et le tabac).
Tax,	impôt.
Income-tax.	impôt sur le revenu.
Excise is an English inland tax levied on commodities of home consumption.	L'*accise* est une taxe anglaise intérieure, levée sur des marchandises consommées dans le pays.
Customs, duties and *impost* are taxes laid on merchandise or commodities imported into a country from abroad.	Les droits de douane sont des taxes mises sur les marchandises importées de l'étranger dans un pays.

CONVERSATION

Have you got an umbrella?	Avez-vous un parapluie?
No, I took my parasol.	Non, j'ai pris mon ombrelle.
The sky was very bright,	Le ciel était très beau.
Yes, but I think it will rain.	Oui, mais je crois qu'il va pleuvoir.
The wind rises.	Le vent se lève.
I heard some clasps of thunder.	J'ai entendu quelques coups de tonnerre.
Is it cold this morning?	Fait-il froid ce matin?
Yes, it is very cold.	Oui, il fait très froid.
It is ten degrees below zero.	Il y a dix degrés au-dessous de zéro.
Take you cloak.	Prenez votre manteau.
To-day the weather is milder.	Aujourd'hui le temps est plus doux.
What fine weather!	Quel beau temps!
The sun shines.	Le soleil brille.
The winter lasts long.	L'hiver dure longtemps.
It will freeze to-night.	Il gèlera cette nuit.
The wind blows from the east.	Le vent souffle de l'est.
The wind blows very hard.	Le vent souffle très fort.

81 Quinzième leçon. — Fifteenth lesson.

PRONONCIATION

Son particulier des voyelles (*Suite*).

1° **A** a le son très ouvert et allongé de l'*o* dans les mots français *nord* ou *encore*, quand il est sous l'accent et qu'il est suivi de *ll* dans la même syllabe ou de *l* et d'une autre consonne (excepté *f*, *v*, *m*).

Ex. : **All, wall, to call, to talk,** parler, converser.
Gibraltar, bald, chauve.
Also, aussi.
Salt, false, faux.
Tall, grand (de taille).

2° **A** précédé de *w* ou de *qu* et suivi de *r* dans une syllabe accentuée, prend à peu près ce même son de l'*o* dans *nord*.

Ex. : **War,** guerre; **quarter, warm.**

3° **A** prend également le son de l'*o* ouvert, mais plus aigu et plus bref, se rapprochant de l'*o* dans les mots français *cotte* ou *hotte,* quand il est précédé de *w* ou de *wh* et suivi d'une autre consonne que *r*.

Ex. : **Want,** besoin; **was, what, water, watch.**

82 Vouloir

Le verbe anglais correspondant au verbe français *vouloir*, est le verbe auxiliaire *will* que nous avons déjà vu comme auxiliaire du futur. Mais il s'en faut de beaucoup que *vouloir* se traduise toujours par *will.*

Le verbe *vouloir* se traduit le plus souvent en anglais par **to like,** aimer; **to wish,** souhaiter; **to desire,** désirer; **to want,** avoir besoin de...; **to mean, to intend,** avoir l'intention de...; **to try,** essayer; **to choose,** choisir, etc., selon le sens.

Ce n'est qu'exceptionnellement qu'il se traduit par **will** à la 1re personne pour marquer la volonté absolue.

Ex. : Je veux le voir (c'est ma volonté formelle). **I will see him.**

On peut aussi dire : **I am resolved, I am determined,** je suis résolu, déterminé...

Vouloir, au conditionnel, exprimant un désir, se traduit par **to wish** ou **to like.**

Ex. : *Je voudrais lui parler.* **I should like to speak to him**
Je voudrais qu'il vînt. **I wish he would come.**
Littéralement : Je souhaite (qu')il voulut venir.

Vouloir, signifiant *avoir besoin de*, se traduit par **to want.**

Ex. : *Que voulez-vous?* **What do you want?**

Je veux (c'est-à-dire j'ai besoin d')*un livre.* **I want a book.**
Je veux que vous le fassiez. **I want you to do it.**
Littéralement : Je veux avoir vous faire cela.

Vouloir, signifiant *être disposé, vouloir bien, consentir,* se dit **to be willing,** être voulant.

Je veux bien le faire. **I am willing to do it.**

Veuillez, à l'impératif, se traduit par **please, be pleased, be so kind as,** soyez assez bon que de...

Veuillez me le donner. **Please** ou **be pleased to give it me**
ou bien : **Be so kind as to give it me.**

Remarque. — Quand on offre quelque chose, *voulez-vous?* **will you?** ne peut être suivi d'un substantif en anglais. Il faut toujours ajouter un verbe, tels que **to take,** prendre, **to accept,** accepter; **to have,** avoir.

Ex. : Voulez-vous un verre de vin? **Will you take** ou **accept** ou **have a glass of wine?**

83 MANIÈRE DE TRADUIRE LES PARTICIPES

Pu, Dû, Voulu, Fallu.

Nous venons d'étudier successivement les verbes *pouvoir, devoir, falloir, vouloir,* verbes défectifs en anglais, qui n'ont pas de participes passés. Pour traduire les participes passés *pu, dû, fallu, voulu,* il faut avoir recours à une transposition des termes de la phrase française, comme dans les exemples suivants :

Il aurait pu venir. Tournez : *Il pourrait avoir venu.*
Traduisez : **He might have come.**

Il aurait dû parler. Tournez : *Il devrait avoir parlé.*
Traduisez : **He ought to have spoken.**

Il aurait voulu aller. Tournez : *Il voudrait avoir allé.*
Traduisez : **He would have gone.**

Il aurait pu le faire. Tournez : *Il pourrait avoir fait cela.*
Traduisez : **He might have done it**

Il a fallu que vous fussiez. Tournez : Vous devez avoir été.
Traduisez : **You must have been.**

Cela aurait pu être pire. Tournez : *Cela pourrait avoir été pire.*
Traduisez : **It might have been worse.**

Cette dernière phrase est très usitée en anglais pour se consoler d'un événement malheureux.

84 De l'Age

On ne dit pas en anglais *Quel âge avez-vous?* mais *combien âgé êtes-vous?* **How old are you?**

La réponse se fait naturellement comme la question, en employant le verbe **to be.**

Ex. : *J'ai dix ans* (Je suis dix ans âgé). **I am ten years old.**

MOTS USUELS

Birth	*(beurth)*,	naissance.
Birth-day		jour, anniversaire de la naissance.
A ba'by	*(bé'bé)*,	petit enfant.
Old age	*(é-dje)*,	vieillesse.
An old man		un vieillard.
An old woman,		une vieille femme.
Old people	*(pi-p'le)*,	vieilles gens, vieillards.
A'ged	*(é'djd)*,	âgé.
Young	*(yeugn)*,	jeune.
Grown up	*(grône eup)*,	grandi, adulte.
Ri'pe	*(raï'pe)*,	mûr.
Death	*(deth)*,	la mort.
Dead	*(ded)*,	mort, morte.

To be born		naître.
He was **born**		il naquit.
To **breathe**	(*brize*),	respirer.
To **live**	(*liv*),	vivre.
Li'fe	(*laï'fe*),	vie.
To **grow up**, grew, grown,		se développer, grandi.
To grow old,		devenir vieux, vieillir.
To be twenty years old,		être âgé de vingt ans.
To be ninety years old,		être âgé de 90 ans.
To die, died, died	(*daïe*),	mourir.

Remarque. — Il ne faut pas oublier que le passé indéfini du verbe français *naître*, *je suis né*, *il est né*, *ils sont nés*, se traduit par le *parfait* ou *passé défini*, parce qu'il s'agit nécessairement d'un fait passé.

Je suis né	**I was born**	et non : I am born.
I est né (naquit).	**He was born**,	et non : he is born.
Ils sont nés (naquirent)	**They were born**	et non : they are born.

Il en est de même du passé indéfini du verbe neutre *mourir*. *Il est mort* (c.-à-d. il mourut) *la semaine dernière*, **he died last week**, parce que l'on veut marquer un fait passé.

Mais si l'on voulait marquer l'état, on se servirait du verbe *to be* et de l'adjectif **dead**, mort, morte.

Ex. : *Elle est morte*, c'est-à-dire, elle n'est plus vivante, **she is dead.**

VERSION QUINZE. — FIFTEENTH TRANSLATION

How old is he? — He is twenty-five. — How old was she, when she died? — She was seventy-two. — On his birth he was taken from (enlevé à) his mother. — He is a Frenchman (français) by birth. — To-day is my birth-day. — When was he born? — He was born on the twenty-eighth of June. — This is the house where I was born. — A new-born child. — Is he still (encore, toujours) living? — No, he is dead. — When did he die? — He died last year in London. — How old was he? — He was not very old, he was only thirty-two years of age. — That old man is worn out (cassé, usé) with age. — He is of age (il est d'âge, c.-à-d. majeur). — She is under age (elle est mineure). — The golden age (l'âge d'or). — He is still a baby. — That girl is grown up. — That old woman is at the point of death. — She died a natural death. — He was condemned to death. — He was put to death. — They died of a fever. —

How long has he been dead? — About ten years. — He is dying (1). — He died on the field of honour. — On the 19th October, James (Jacques), eldest son of late (feu) James Brown died, aged 86. — He was on his death-bed. — A young girl of about seventeen was in the room by (à côté de) her mother; a young man a year or two older opened the door and came forward (en avant). — My husband died of a broken (brisé) heart. — There is no such thing, said the uncle. — A man may die of a broken neck, he may suffer (souffrir) from a broken arm, or a broken head, or a broken leg, or a broken nose; but a broken heart! — Some people, said the nephew, have no hearts to break. — How old is this boy? — He is nineteen! — Nineteen! and what do you mean to do for your bread, sir? — While the present century was in its teens (2).

THÈME QUINZE. — FIFTEENTH EXERCISE

Voulez-vous venir avec nous à Paris? — Non, je ne puis pas maintenant. — J'irai à Paris la semaine prochaine. Que voulez-vous? — Je veux un pardessus et un pantalon. — Quel âge avez-vous? — J'ai dix-huit ans. — Quel âge a-t-il? — Il a vingt-cinq ans. — Quel âge avait-elle quand elle est morte? — Elle avait soixante-cinq ans. — Elle était sur son lit de mort. — Etes-vous majeur? — Non, je suis encore mineur. — Cet enfant est tout à fait (*quite*) grandi maintenant. — Veuillez me dire le nom (*name*) de ce vieillard. — Voulez-vous une tasse de thé ou un verre de rhum? — Je prendrai une tasse de café. — Voulez-vous [êtes-vous disposé à] le faire? — Je voudrais le voir. — Il y a dans le salon un homme qui veut vous parler. — Quel est son nom? — C'est mon plus jeune frère, William. — Quel âge a-t-il? — Il a six ans. — Pouvez-vous me montrer (*to show*) votre maison. — Un vieillard entra (*came in*). — Où avez-vous été depuis si longtemps (*this long while*)? — Huit ans et davantage. — Mon pauvre (*poor*) frère est mort à Londres, il y a deux mois. — Les gens mouraient (*were dying*) autour de moi (*about me*) de la fièvre.

(1) Les verbes terminés à l'infinitif en **ie** font leur participe présent en changeant *i* en *y* et l'*e* muet se retranche.

Ex. : *To die*, **dying**, *to lie*, être couché, **lying**.

(2) *Teens*, suffixe des nombres de 13 à 19, représente les années de 13 à 19 pour les personnes et les choses. *Miss in her teens*. Une demoiselle mineure.

EXPRESSIONS COMMERCIALES

Cash,	argent comptant (en caisse).
Ready money (*rédé*),	argent comptant (*ready*, prêt).
On credit.	à crédit.
Short of cash,	à court d'argent (*short*, court).
To withdraw money,	retirer de l'argent.
To receive money.	recevoir, toucher de l'argent.
To balance an account,	arrêter un compte.
To close an account.	» »
Partner,	associé.
Partnership,	association.
To take into partnership,	prendre en association, associer.
To admit into a share,	admettre à une part, associer.
To share,	partager.
A share,	une action, une part.

EXERCICES

We have no ready money. — We shall buy on credit. — They are short of cash now, they can't pay. — I shall withdraw my money from that bank. — Did they settle your account? — Do you want a partner? — I shall not continue my partnership with him; I am unwilling to do it. — The partners will share the profits between them. — He made his sons his commercial partners. — All our cash was now expended (dépensé) in many things we wanted to purchase. — We have received the parcel this morning, but we want five dozen knives for next week. — You might have shared the profits. — They might have been short of cash.

CONVERSATION (n° 15)

How old is your brother?	Quel âge a votre frère?
He is ten.	Il a dix ans.
Is he older than your son?	Est-il plus âgé que votre fils?
Yes, my son is only nine.	Oui, mon fils a seulement neuf ans.
When was she born?	Quand est-elle née?
She was born on the twentieth of December.	Elle est née le 20 décembre.

How old is she?	Quel âge a-t-elle?
She is yet in her teens.	Elle n'a pas encore vingt ans.
She is out of her teens.	Elle a vingt ans passés.
What does he want?	Que veut-il?
He wants to speak to you.	Il veut vous parler.
Tell him to come in.	Dites-lui d'entrer.
He won't come in.	Il ne veut pas entrer.
He might have spoken.	Il aurait pu parler.
Have you a partner?	Avez-vous un associé?
No, I am alone.	Non, je suis seul.
Who is that old lady?	Qui est cette vieille dame?
She is not very old.	Elle n'est pas très vieille.
She is only forty-five.	Elle n'a que quarante-cinq ans.
She is in her fortieth year.	Elle est dans sa quarantième année.
He will be of age two years hence.	Il sera majeur dans deux ans d'ici.
That boy is the eldest of his family.	Ce garçon est l'aîné de sa famille.
Tom is my elder brother.	Tom est mon frère aîné.
Willy is his younger brother.	William est son frère cadet.

85 Seizième leçon. — Sixteenth lesson

Sons particuliers des voyelles (suite).

O a le son de **ou** dans les mots suivants, leurs dérivés et leurs composés :

To,	à, vers.	**Into,**	dans.
Two,	deux (*v. n°* 35).	**Ado,**	bruit, peine.
To do,	faire, agir.	**To undo,**	défaire, ruiner.
Who,	qui (*v. n°* 59).	**Whom,**	lequel, que.
Whose,	dont.	**Whoever,**	quiconque.
Woman,	femme (*v. n°* 49).	**Bosom,**	(*bou'zeum*), sein, cœur.
To prove,	prouver.	**To reprove,**	blâmer.
To lose,	perdre,	**To move,**	mouvoir.
To behove,	convenir.	**Tomb**	(*toum*), tombe.
Wolf,	loup (*v. n°* 49).	**Shoe,**	soulier.

86 Verbes pronominaux ou réfléchis

Les verbes pronominaux se conjuguent en anglais à l'aide des pronoms réfléchis que nous avons vus n° 51, page 65.

Conjugaison d'un verbe réfléchi

To ask one's self, se demander (à soi-même).

INFINITIF

Présent :	*To ask one's self,*	se demander.
Passé :	*To have asked one's self,*	s'être demandé.
Part. présent :	*Asking one's self,*	se demandant.
Part. passé comp.	*Having asked one's self,*	s'étant demandé.

INDICATIF

Présent.

I ask myself.	Je me demande.
He asks himself.	Il se demande.
She asks herself.	Elle se demande.
We ask ourselves.	Nous nous demandons.
You ask yourself ou yourselves (1).	Vous vous demandez.
They ask themselves.	Ils ou elles se demandent.

Imparfait et parfait

I asked myself. — Je me demandais ou demandai, etc.

Passé indéfini

I have asked myself. — Je me suis demandé, etc.

Plus-que-parfait

I had asked myself. — Je m'étais demandé, etc.

(1) En parlant à une seule personne, on dit *yourself*.

Futur

I shall ask myself. Je me demanderai, etc.

Futur antérieur

I shall have asked myself. Je me serai demandé, etc.

CONDITIONNEL

Présent

I should ask myself. Je me demanderais, etc.

Passé

I should have asked myself. Je me serais demandé, etc.

Remarque. — 1° Le pronom complément doit toujours être de la même personne que le sujet. Ainsi *myself* correspond à *I*; *himself* à *he*, etc. Le pronom indéfini *one's self* ne peut donc s'employer qu'à l'infinitif ou lorsque le sujet est *one*.

2° Dans les pronoms réfléchis, le suffixe *self* signifie *personne*. Ainsi *myself* signifie littéralement *ma personne; thyself*, ta personne, etc.

Un verbe anglais ne peut donc prendre la forme réfléchie que si le sens permet d'y ajouter *ma personne, ta personne*, etc.

En d'autres termes, il faut que le sujet *fasse* l'action et la *subisse* à la fois.

Ex. : Il se loue, c.-à-d. il loue lui-même (sa personne).
He praises himself.

Mais quand je dis : Ce livre se vend un franc. Ce n'est pas le livre qui se vend lui-même, il faudra tourner par le passif et dire :

Ce livre est vendu un franc.
This book is sold one franc.
La porte s'ouvrit. *Tournez :* La porte fut ouverte.
The door was opened.

3° Il résulte de là que les verbes pronominaux ou réfléchis sont bien moins nombreux en anglais qu'en français.

Tous les verbes qui, en français sont essentiellement pronominaux, comme *se repentir*, *s'abstenir*, etc., sont simplement *neutres* en anglais. En effet, quand je dis : *je me repens*, le pronom *me* ou *moi-même* est inutile, puisque l'on ne peut pas *repentir une autre personne* que soi-même. L'anglais dit donc simplement : *I repent*, *I abstain*, je m'abstiens, ce qui est parfaitement clair et ne peut produire aucune confusion.

Remarque importante. — Les pronoms réfléchis *myself*, *himself*, etc., se mettent toujours après le verbe. De là vient que dans les temps composés (passé indéfini, plus-que-parfait, etc.), c'est l'auxiliaire *to have*, avoir, qu'il faut employer et non l'auxiliaire *être*, *to be*, employé en français.

Ex. : Il s'est blessé. *Tournez :* Il *a* blessé lui-même.
He has wounded himself
Ils se sont chauffés. *Tournez* : Ils *ont* chauffé eux-mêmes.
They have warmed themselves.

87 MOTS USUELS

The **school**	(*skoule*),	école, collège.
The **University**	(*iou'niversité*),	l'Université, Faculté.
Public school	(*peub'lique*),	école publique.
Gram'mar school	(*gram'eur*),	école de grammaire, collège.
High-school for young ladies,		collège de jeunes filles.
Day-school,		externat (école de jour),
Boarding-school	(*bór'digne*),	pensionnat { *board.* table.
Class-room	(*roum*),	salle de classe.
School-room	»	id. id.
The **desk**	(*desk*),	le pupitre.
Bench ou form	(*bentch*),	banc.
Seat	(*si'te*),	siège.
The **lower forms**	(*lô-eur*),	les basses classes.
The fifth form,		la cinquième classe.
The **map**,		la carte.
The **black-board**	(*bórde*),	le tableau noir.
The chalk	(*tchaû-k*),	la craie.
Sponge	(*speun'dje*)	éponge.
Duster	(*deus'teur*),	torchon { *dust.* poussière.
Copy-book	(*cop'ébouk*),	cahier (à copier).

Ink	*(inke)*,	encre.
Ink-stand	*(ink'-stand)*,	encrier.
Pen	*(penne)*,	plume.
Pen-holder	*(hôle-deur)*,	porte-plume.
Pen'cil	*(pen'cil)*,	crayon.
Ru'ler	*(rou-leur)*,	règle.
Pa'per	*(pée-peur)*,	papier.
A **sheet** of paper	*(shi-te)*,	feuille de papier.
A rough copy	*(reuff')*,	copie au brouillon.
A fair copy	*(faire)*,	une copie au net.
The **head-**master	*(hed'mâs-teur)*,	le directeur, le chef.
Professor	*(profes'seur)*,	le professeur.
Master	*(mâs-teur)*,	maître.
Teacher	*(ti-tcheur)*,	id.
Usher	*(eucheur)*,	maître d'étude.
Gov'erness	*(gueu'veurness)*,	gouvernante.
The **boy** ou **pu'**pil	*(boï; piou'pil)*,	garçon, élève.
Day-**scholar**	*(skol'eur)*,	externe, écolier du jour.
Boarder	*(bôr-deur)*,	pensionnaire.
To **study**, a study	*(steud'é)*,	étudier, une étude.
To **teach, taught, taught**	(v. irr.),	enseigner, instruire.
To **learn**	*(leurn)*,	apprendre, s'instruire.
To **read** *(ride)*, **I read, read** *(red)*,		lire, je lus, lu.
To *write* *(raïte)*, **I** *wrote*, *written*		écrire, j'écrivis, écrit.
To **prai'se**	*(prée-ze)*,	louer.
To **bla'me**	*(blée-me)*,	blâmer.
To **scold**	*(skôl-de)*.	gronder.
To **threat'**en	*(threten)*,	menacer.
To **punish**	*(peun'tch)*,	punir.
To **repeat**	*(re-pite)*,	répéter.
To **say, I said, said**	*(sé, sède)*,	dire, je dis, dit.
To **remember**	*(ri-mem'beur)*,	se rappeler.
To be **la'zy**	*(lée-zé)*,	être paresseux.
To **get on**	*(tou guet onn')*,	aller de l'avant, faire des progrès.
Show me		montrez-moi.
To **enjoy'** one's self,		s'amuser, avoir de l'agrément, se divertir.

The conjuror and the tailor.

A conjuror and a tailor once happened to converse together : « Alas! » cries the tailor « what an un'happy poor creature I am! If people take it into their heads to live without clothes, I am undone; I have no other trade to have recourse to! » — « Indeed, friend, I pity you sincerely, » replies the conjuror, « but, thank heaven, things are not quite so bad with me : for, if one trick should fail, I have a hundred tricks more for them yet. However, if at any time you are reduced to beggary, apply to me, and I will relieve you. » — A famine overspread the land, the tailor made a shift to live, because his customers could not be without clothes; but the poor conjuror, with all his hundred tricks, could find none that had money to throw away; it was in vain that he promised to eat fire, or to vomit pins; no single creature would relieve him, till he was at last obliged to beg from the very tailor whose calling he had formerly despised.

Goldsmith. 1728-1774.

TRADUCTION ALTERNATIVE

De l'anglais en français et du français en anglais

Nous donnons ici un modèle de traduction alternative. Cet exercice est très important, surtout pour les élèves qui étudient seuls. Ils pourront, en masquant tantôt un côté, tantôt l'autre, faire oralement une version ou un thème, dont ils auront ainsi le corrigé sous la main. Nous marquons la prononciation des mots que nous n'avons pas encore vus, d'après les signes conventionnels du tableau page 13.

The con'juror and the tailor.	Un escamoteur et un tailleur.
A conjuror and a tailor once hap'pened to converse togeth'er. « Alas! » cries the tailor, what an unhap'py poor creature I am! If people take it into their heads to live without clothes, I am undone, I have no other trade to have recourse to! » Indeed! friend, I pit'y you sinco'rely », replies the conjuror, but, thank heaven, things are not quite so bad with me; for, if one trick should fail, I have a hundred tricks more for	Un escamoteur et un tailleur une fois arrivèrent par hasard à converser (causer) ensemble. « Hélas! » s'écrie le tailleur, quelle malheureuse créature je suis! Si les gens prennent (se mettent) cela dans leurs têtes (en tête) de vivre sans vêtements, je suis (défait) ruiné, je n'ai aucun autre métier pour avoir recours à! (auquel je puisse avoir recours). En vérité, ami, j'ai pitié de vous sincèrement », répliqua l'escamoteur, mais, merci ciel (Dieu merci), les choses ne sont pas tout à fait aussi mauvaises avec moi, car si un tour devait (venait à) manquer, j'ai cent tours de

them yet, however, if at any time you are redu'ced to beggary, apply to me, and I will relie've you. » A famine overspread the land, the tailor made a shift to live, because his customers could not be without clothes, but the poor conjuror, with all his hundred tricks could find none that had money to throw away; it was in vain that he promised to eat fire or to vom'it pins; no single creature would relieve him till he was at last obliged to beg from the very tailor whose calling he had formerly despi'sed.

plus (autres tours) pour eux encore, cependant, si à un moment quelconque vous êtes réduit à la mendicité, adressez-vous à moi, et je vous secourrai. » Une famine se répandit sur le pays, le tailleur fit un moyen (trouva moyen) de vivre, parce que ses clients ne pouvaient pas être sans vêtements; mais le pauvre escamoteur, avec tous ses cent tours, (ne) put trouver aucun (personne) qui eût de l'argent à jeter au loin (à gaspiller); ce fut en vain qu'il promit de manger du feu, ou de vomir (des) épingles; pas une seule créature (personne) voulut le secourir, jusqu'à ce qu'il fut à la fin obligé de mendier (demander du secours) du (au) tailleur même, dont profession (*v*, *n*. 60) il avait autrefois méprisé (dont il avait autrefois méprisé le métier).

VERSION SEIZE. — SIXTEENTH TRANSLATION

He blamed himself. — She praises herself. — Warm yourself. — Did you ask yourself? — They were asking themselves. — One must not praise one's self. — He will punish himself. — Do you remember that man? — Show me your copy-book. — Where is your rough copy? — In my desk. — Show it me. — Go to the black board and take the chalk. — Write your exercise on the board. — Sit down on your bench. — There is no ink in my inkstand. — Have you got a pen? — No, but I've got a pencil. — Lend me your ruler, please. — Have you seen the head-master? — Yes, he is in the school-room with the usher. — There are two hundred pupils in that school, sixty boarders and one hundred and forty day-scholars. — We have a very good English teacher. — Do you learn English? — Yes, we take three lessons a week. — Say your lesson, please. — You don't know it, you will be scolded by your master, you are a lazy boy. — How do you get on? — Very well. — The study of languages is very useful (utile). — How did you enjoy yourself? — Will your sister enjoy herself with them? — I don't know.

THÈME SEIZE. — SIXTEENTH EXERCISE

Où est votre école? — A Londres. — Avez-vous un collège de jeunes filles? — Oui, et un externat. — Il y a cinquante-quatre externes dans cette école de grammaire et trente-six pensionnaires. — Où est le pupitre du professeur? — Dans la salle de classe. — La carte est sur le pupitre. — Nous n'avons pas de craie; nous ne pouvons pas écrire sur le tableau. — Donnez-moi une éponge pour effacer (*to rub out*). — Cette encre n'est pas bonne, prenez un crayon pour écrire votre brouillon. — Cet élève se loue; le maître le punira. — Il n'a pas appris sa leçon; le professeur le grondera. — Prêtez-moi un porte-plume. — Merci. — Ils se louaient. — Je me demandais; nous nous chauffions; ils se blâmèrent. — Que fait-il là dans le jardin? — Il s'amuse (*to amuse one's self*). — Mon frère s'est beaucoup diverti hier avec ses amis.

EXPRESSIONS COMMERCIALES

Modèle de lettre pour entrer en relation.

Paris, May 21, 1891.

Messrs Smith and Co, Birmingham

Sirs,

We should like to increase the number of our correspondents in England and as several of our friends told us that we might negociate with you, we desire you to accept our services. Our principal commerce consists in selling wines of all kinds, claret, Champagne and Burgundy. We flatter ourselves that, when you have seen our method of trading you will readily consent to carry

Messieurs,

Nous voudrions (aimerions) augmenter le nombre de nos correspondants en Angleterre, et comme plusieurs de nos amis nous ont dit que nous pourrions négocier avec vous, nous vous prions d'accepter nos services. Notre principal commerce consiste à vendre des vins de toute sorte, Bordeaux, Champagne et Bourgogne. Nous nous flattons que, lorsque vous aurez vu notre façon de commercer, vous

on a correspondence that may be equally useful and advantageous to both of us. We hope that you will honour us with your commissions.

Yours truly,
Bourguignon et Cie.

consentirez volontiers à continuer une correspondance qui peut être également utile et avantageuse à nous deux (à nos deux maisons). Nous espérons que vous nous honorerez de vos commissions.

Vos dévoués,
Bourguignon et Cie.

CONVERSATION

Nous allons donner dans les leçons suivantes, en guise de conversation, une petite comédie de Miss Edgeworth. L'élève pourra s'exercer à la traduction alternative, comme nous l'avons conseillé plus haut.

OLD POZ

Lucy (*liou'cé*), *daughter to the Justice.*
Mrs **Bustle,** landlady of the Saracen's head.
Justice Headstrong.
Old man.
William, *a servant.*

LE VIEUX POZ (1)

Le père Positivement.

Lucie, fille du juge de paix.
Mme Bustle, hotesse de la Tête de Sarrasin.
Le juge de paix **Headstrong** (l'Entêté).
Un vieillard.
William, domestique.

SCÈNE I

The house of Justice Headstrong. — A hall. — Lucy watering some myrtles.

A servant behind the scene is heard to say.

I tell you my master is not up.

You can't see him; so go about your business, I say.

SCÈNE I

La maison du juge Headstrong. — Une salle. — Lucie arrosant des myrtes.

On entend un domestique dire derrière la scène.

Je vous dis que mon maître n'est pas levé (*up*, debout, levé).

Vous ne pouvez pas le voir; ainsi allez à vos affaires (allez vous promener), vous dis-je.

---

1 Sobriquet donné au juge de paix *Headstrong*, qui a la manie de trancher toutes les questions en disant : *that's pos'* pour *that is positive.*

Lucy. *Whom are you speaking to, William?*	A qui parlez-vous, William?
Who's that?	Qui est-ce?
William. *Only an old man, miss, with a complaint for my master.*	Seulement (ce n'est que) un vieillard, mademoiselle, avec une plainte pour mon maître.
Lucy. *Oh! then, don't send him away. Don't send him away.*	Oh! alors, ne le renvoyez pas, ne le renvoyez pas (*away*, au loin).
(To be continued in next lesson.)	(*La suite à la prochaine leçon.*)

88 Leçon dix-sept. — Seventeenth lesson.

Sons particuliers des voyelles (Suite).

O a le son de **eu** du mot français *seul*.

1° Dans la syllabe *ov*, sous l'accent.

2° Entre *w* et *r*.

3° Dans certains autres mots que nous donnons ci-dessous. (Voir le tableau, page 13, 4e col., le mot *son*.)

To love,	aimer.	**Love,**	amour.
Dove,	colombe.	**Glove,**	gant.
To cover.	couvrir.	**Above,**	au-dessus de.
To govern,	gouverner.	**Oven,**	four.
Word (1) (*oueu-d*),	mot.	**Work,**	travail.
World,	monde.	**Worm,**	ver.
Worse,	pire.	**Worst,**	le pire.
To come,	venir.	**Some,**	quelque.
Son,	fils.	**Ton,**	tonneau.
Month,	mois.	**Monday,**	lundi.
Company,	compagnie.	**Comrade,**	camarade.
Tongue,	langue.	**Done,**	fait.
Comfort,	bien-être.	**Monkey,**	singe, etc.

(1) Voir le n° 28, page 81, sur la prononciation de l'r.

89 VERBES RÉCIPROQUES

Les verbes réciproques expriment une action exercée par deux ou plusieurs sujets l'un sur l'autre.

Ces verbes, par la nature même de l'idée qu'ils expriment, sont donc toujours au pluriel.

Dans la phrase suivante : « Ces hommes s'admirent (eux-mêmes) », le verbe est *réfléchi*, parce que les sujets exercent l'action sur eux-mêmes.

Si l'on dit au contraire : « Ces hommes s'admirent les uns les autres », le verbe est réciproque.

Avec un verbe réciproque, *l'un l'autre* ou *les uns les autres*, se traduisent par **each other** (chaque autre) ou par **one another** (l'un l'autre). Ce dernier est surtout employé quand il s'agit de plus de deux personnes.

Conjugaison d'un verbe réciproque

INFINITIF

To love each other ou **one another** { s'aimer l'un l'autre ou les uns les autres.

INDICATIF

Présent.

We love each other ou **one another** { nous nous aimons l'un l'autre ou les uns les autres.

You love each other ou **one another**. Vous vous aimez l'un l'autre, etc.

They love each other ou **one another**. Ils s'aiment l'un l'autre, etc.

Ces verbes se conjuguent à tous les temps comme les verbes actifs, en mettant le pronom régime après le verbe.

90 VERBES IRRÉGULIERS

Nous avons vu (n° 23) que les verbes réguliers forment leur parfait et leur participe passé en ajoutant **ed** à l'infinitif, ou simplement **d**, si le radical du verbe se termine à l'infinitif par un ***e*** muet.

		Infinitif	*Parfait*	*Part. passé*
Ex. :	Appeler.	**To call,**	**I called,**	**called.**
	Aimer.	**To love,**	**I loved,**	**loved.**

Tout verbe qui ne suit pas cette règle est *irrégulier*.

Il y a environ 180 verbes irréguliers en anglais. Ce sont en général les verbes les plus anciens et les plus usités de la langue. Il n'importe donc beaucoup de les bien connaître.

On peut les diviser en trois classes. (1)

1° Ceux dont le parfait et le participe passé sont semblables à l'infinitif.

	Infinitif	*Parfait*	*Part. passé*
Ex. : Couper.	**To cut,**	**I cut,**	**cut.**
Coûter.	**To cost,**	**I cost,**	**cost.**

Il y en a 22.

2° Ceux dont le parfait et le participe passé sont semblables, mais diffèrent de l'infinitif.

	Infinitif	*Parfait*	*Part. passé*
Ex. : Payer.	**To pay,**	**paid,**	**paid.**
Prêter.	**To lend,**	**lent,**	**lent,** etc.

C'est la classe la plus nombreuse, il y en a 92.

3° Ceux dont les trois temps sont différents. Il y en a 66.

	Infinitif	*Parfait*	*Part. présent*
Ex. : Parler.	**To speak,**	**spoke,**	**spoken.**
Manger.	**To eat,**	**ate,**	**eaten.**
Boire.	**To drink,**	**drank,**	**drunk,** etc.

NOTA. — Nous allons employer les verbes irréguliers les plus usités dans le cours des leçons suivantes. Nous en donnerons une liste alphabétique à la fin de notre ouvrage pour faciliter les recherches.

91 De l'Adverbe

L'adverbe est un mot qui modifie le sens du verbe ou de l'adjectif ou d'un autre adverbe, en exprimant certaines circonstances de temps, de lieu, de manière ou de degré.

Ces mots, ainsi que les conjonctions et les prépositions, étant d'un emploi très fréquent, nous en donnerons la liste dans cette leçon et les

(1) Chaque classe peut également se diviser en familles ou groupes, d'après la similitude de l'irrégularité. Voir à ce sujet notre petite *Méthode pratique de langue anglaise*, Deuxième édition. Prix 1 fr. 25.

leçons suivantes. Nous conseillons à l'élève de les relire souvent, car ces mots entrent, pour ainsi dire, dans la composition de toutes lès phrases. Leur connaissance lui facilitera considérablement la traduction des textes et les exercices de conversation.

92 1° ADVERBES DE TEMPS

Temps présent

Now	*(na'ou)*,	maintenant.
To-day	*(tou dé)*,	aujourd'hui.
Daily	*(dée-lé)*,	tous les jours, journellement.
In'stantly	*(in'tan'tlé)*,	sur-le-champ.
Still	*(still)*,	toujours, encore.
This **in'** stant,		cet instant-ci, sur-le-champ.
Forthwith	*(for'thwith)*,	incontinent, »

Temps passé

Once	*(oueun'ce)*,	autrefois, jadis.
For'merly	*(fór-me-lé)*,	autrefois, »
Here**tofore**	*(hiretoufóre)*,	autrefois, »
Before	*(bifó-re)*,	auparavant.
Hitherto	*(hitheurtou)*,	jusqu'à présent.
Yes'terday	*(yes'teurdé)*	hier.
Already	*(aûlred'é)*,	déjà.
La'tely	*(lée-telé)*,	dernièrement.
Long since		il y a longtemps { *since.* depuis.
Long **ago**	(voir n° 76),	il y a longtemps.
Last night	*(naïte)*,	la nuit dernière, hier soir.
Just now	*(djeust na'ou)*,	tout à l'heure, il n'y a qu'un instant.

Temps futur

Pres'ently	*(prés'ent'lé)*,	dans un instant.
By and **by**	*(baï)*,	» »
Imme' diately	*(immi'die'telé)*,	immédiatement.
To-night	*(tou-naïte)*,	ce soir.
To-mor'row	*(tou-mor'o)*,	demain.
Not yet	*(not yet)*,	pas encore (jusqu'ici).

Hereafter	(*hireâf'teur*),	dans l'avenir.
Henceforth	(*hence forth*),	id. dorénavant.
Af'terwards	(*af'teuroueurdz*)	ensuite.
Soon	(*soûne*),	bientôt.

Temps indéfini

Oft ou **of**t**en**	(*off-en*),	souvent.
Sometimes	(*seum'taïmz*),	quelquefois.
Sel'dom	(*sel'deum*),	rarement.
Always	(*aûloués*),	toujours.
When	(*houenn*),	quand.
Ev'er	(*ev'eur*),	jamais, toujours.
Nev'er	(*nev'eur*),	ne... jamais.
Again'	(*aghaine*),	de nouveau, encore.
La'te	(*léete*),	tard, en retard.
Last'ly	(*lâs'tlé*),	enfin.
At last	(*lâste*),	»

NOTA. — Les adverbes de temps indéfini, *always, ever, never, often, seldom, soon, still, sometimes,* se placent entre le sujet et le verbe dans les temps simples, après l'auxiliaire dans les temps composés.

Ex. : *He seldom comes*, il vient rarement.
He had seldom seen him, il l'avait rarement vu.

TRADUCTION ALTERNATIVE

THE WHISTLE (*true story*)

When I was a child, of seven years of age, my friends, on a holiday, filled my pockets with coppers. I went directly to a shop where they sold toys for children; and, being charmed with the sound of a whistle that I saw in the hands of another boy, I voluntarily offered him all my money for it. I then came home, and went whistling all over the house much pleased with my whistle, but

LE SIFFLET (*Histoire vraie*)

Quand j'étais (un) enfant, de sept ans d'âge, mes amis, un jour de fête, remplirent mes poches de sous. (*Copper*, cuivre, billon.) J'allai tout de suite à une boutique où ils vendaient (on vendait) des jouets pour les enfants, et, étant charmé avec le son d'un sifflet, que je vis dans les mains d'un autre garçon, je lui offris volontairement tout mon argent pour lui (le sifflet). Alors je vins à la maison, et allai sifflant par toute la maison, beaucoup plus avec (très content de)

disturbing all the family. My brothers and sisters and cousins, understanding the bargain I had made told me I had given four times as much for it as it was worth. This put me in mind what good things I might have bought with the rest of my money, and they laughed (1) *at me so much for my folly, that I cried with vexation and the reflection gave me more chagrin than the whistle gave me pleasure.*

(To be continued)

mon sifflet, mais troublant toute la famille. Mes frères et (mes) sœurs et (mes) cousins, apprenant le marché (que) j'avais fait, me dirent (que) j'avais donné quatre fois autant pour cela que cela était valant (cela valait). Ceci me mit en l'esprit quelles bonnes choses j'aurais pu acheter avec le reste de mon argent, et ils rirent (se moquèrent) de moi tellement pour ma folie, que je criai avec (de) dépit, et la réflexion me donna plus de chagrin que le sifflet me donna (du) plaisir.

(*à suivre.*)

VERSION DIX-SEPT. — SEVENTEENTH TRANSLATION

I shall come presently. — He is still in his bedroom. — When he was a boy, his father gave him a whistle. — Formerly we had a house in that town. — They cannot love each other. — Let us love one another. — You come home very late; you are always late. — Better late than never. — Have you ever seen him? — I never saw him before. — He is the best man that ever lived. — England for ever! (vive...). — He died long ago. — She was here just now — Where is she now? — I don't know, she has not come yet. — He seldom comes with us. — His pockets were filled with coppers. — He bought the whistle of another boy and came home directly. — Nobody was charmed with the sound of his whistle. — His sisters laughed at him and he often cried with vexation. — Come again, please. — I shall come afterwards, by and by. — They saw one another daily. — What did you do with the rest of your money. — I bought some toys.

THÈME DIX-SEPT. — SEVENTEENTH EXERCISE

Ils se moquent l'un de l'autre. — Le frère et la sœur s'aiment l'un l'autre. — Se voient-ils souvent l'un l'autre? — Ils se parlent quelquefois. — Il se moque toujours de son frère. — Elles ne s'aimeront pas

(1) Prononcez *läft.*

l'une l'autre. — S'aiment-ils l'un l'autre? — Il parle souvent. — Ils sont morts, il y a longtemps. — Nous avons reçu ce paquet hier soir. — Est-il toujours ici? — Oui, il était ici tout à l'heure. — Nous n'avons pas encore vu votre fils? — Dorénavant je me lèverai à six heures et demie. — Nous dînerons bientôt. — Avez-vous jamais été à Londres? — Jamais. — Allons dans cette boutique; nous achèterons des jouets pour vos enfants. — Votre petite fille est très contente de [avec] son jouet. — Vous avez fait un bon marché. — Avez-vous payé? — Oui. — Vous auriez pu acheter beaucoup de choses avec l'argent que votre père vous a donné. — J'ai offert tout mon argent à ce petit garçon pour le jouet qu'il avait dans la main. — Il n'a pas voulu me le donner. — Parlez de nouveau; il viendra à la fin. — Vive la France! (*France*).

CORRESPONDANCE COMMERCIALE

Answer (an'seur).

Dear sirs.

In answer to your favour of the 15th of January last, we inform you that we are infinitely pleased with the favorable opinion you have entertained of us. When opportunities occur, we will avail ourselves of your obliging offers. We assure you that at present our commission are very small, for trade has been very dull lately. However be so kind as to send us the current prices of your wines.

yours truly,

Réponse.

Chers messieurs.

En réponse à votre honorée du 15 janvier dernier, nous vous informons que nous sommes infiniment flattés de l'opinion favorable (que) vous avez conçue de nous. Quand des occasions se présenteront, nous profiterons de vos offres obligeantes. Nous vous assurons que, à présent, nos commissions sont peu importantes (très petites), car le commerce a été très peu actif dernièrement. Cependant, soyez assez bon pour nous envoyer les prix courants de vos vins.

Vos dévoués,

CONVERSATION

OLD POZ (*continued*) suite n° 2

William. *But master has not had his chocolate, ma'am. He won't see anybody ever before he drinks his chocolate, you know, ma'am.*

William. Mais (mon) maître n'a pas eu son chocolat, madame. Il ne veut jamais voir personne avant d'avoir bu son chocolat, vous savez, madame.

Lucy. *But let the old man then come in here; perhaps he can wait a little while; call him.* — Exit servant.

Lucie. Mais alors laissez entrer ici le vieillard; peut-être pourra-t-il attendre un petit moment; appelez-le. — Le domestique sort.

Lucy sings, and goes on watering her myrtles.

Lucie chante et continue d'arroser ses myrtes.

The servant shows in the old man.

Le domestique introduit (montre dans) *le vieillard.*

William. *You can't see my master this hour, but miss will let you stay here.*

William. Vous ne pouvez pas voir mon maître cette heure-ci (*avant une heure*), mais mademoiselle vous permettra de rester ici.

Lucy (*aside*). *Poor old man, how he trembles as he walks?* (aloud). *Sit down, sit down, my father will see you soon*; *pray, sit down* (He hesitates; she pushes a chair towards him).

Lucie (*à part*). Pauvre vieillard, comme il tremble lorsqu'il marche! (*à haute voix*) Asseyez-vous, asseyez-vous, mon père vous verra bientôt, je vous prie, asseyez-vous. (*Il hésite, elle pousse une chaise vers lui.*)

Lucy. *Pray, sit down.*

Lucie. Je vous prie, asseyez-vous.

Old man. *You are very good, ood.*

Le vieillard. Vous êtes bien bonne, mademoiselle, bien bonne.

PRONONCIATION DES CONSONNES

Consonnes simples (voir page 5, n° 3).

Consonnes composées

1° **ch**, précédé ou suivi d'une voyelle, ou après la liquide *r*, se prononce **tch.**

Excepté dans la plupart des mots tirés des langues anciennes, où ch prend le son de *k*.

Peach	(*pitche*),	poire.
To teach	(*titche*),	enseigner.
Such	(*seutche*),	tel.
Much	(*meutche*),	beaucoup.
Church	(*tcheurtch*),	église.
March	(*mârtche*),	marche.
Cheese	(*tchize*),	fromage.
Chin	(*tchinne*),	menton.

Mots d'origine grecque

Monarch	(*monark*),	monarque.
Christ	(*kraïste*),	christ.
School	(*skoûle*),	école.
Chasm	(*kaz-me*),	abîme, gouffre.

Dans quelques mots tirés du français, **ch** se prononce comme en français.

Machine	(*machi-ne*),	machine.
Machinery	(*machi-neré*),	mécanisme.
Machinist	(*machi-nist*),	machiniste.

Mais **ch** se prononce comme *k* dans :

Mechanic	(*mekan'ique*),	artisan.
Mechanician	(*mek'ani'chann*),	mécanicien.
Mechanism	(*mek'anizme*),	mécanisme.
Mechanics	(*mekan'iks*),	la mécanique.

94 ADVERBES DE LIEU (*suite*).

Here	(*hi-eur*),	ici.	S'emploient en général avec un verbe marquant le repos.
There	(*zère*),	là.	
Where	(*houère*),	où.	
Hither	(*hizeur*),	ici.	Indiquent un mouvement *vers* un endroit.
Thither	(*zizeur*),	là.	
Whither	(*houizeur*),	où.	
Hence	(*hence*),	d'ici.	marquent un mouvement de provenance.
Thence	(*zence*),	de là.	
Whence	(*houence*),	d'où.	

NOTA. — A la place des trois derniers on dit souvent *from here*, d'ici; *from there*, de là; *from where*, d'où. On peut également employer *here*, *there*, et *where* à la place de *hither*, *thither*, *whither*, qui ne sont guère usités dans la conversation.

Wherever	(*houere'veur*),	partout où.
Within	(*ouizinn'*),	dedans, à la maison.
Without	(*ouiza'out*),	dehors.
Forward	(*for'oueurde*),	en avant.
Backward	(*back-oueurd*),	en arrière.
To and fro	(*tou and fro*),	çà et là.
Near	(*ni'eur*),	près de.
By	(*baï*),	près de.
Far	(*fâr*),	loin.
Yonder	(*yonn'deur*),	là-bas, ce... là bas.
Up	(*cup'*),	en haut.
Down	(*da'oun*),	en bas.
Away	(*a-oué'*),	au loin.

ADVERBES D'ORDRE

First	(*feurst*),	premièrement.
Secondly	(*sec'eundlé*),	deuxièmement, etc.

ADVERBES D'AFFIRMATIONS ET DE NÉGATIONS

Yes, oui.
No, not, non, ne pas.
By no means (*minze*), nullement (par nul moyen).

ADVERBES DE DOUTE

Perhaps	(*peurhap'ce*),	peut-être.
Probably	(*prob'ablé*),	probablement.
Haply	(*hap'lé*),	peut-être.
Perchance	(*peurtchann'ce*),	par hasard.

ADVERBES DE QUANTITÉ

Singulier		*Pluriel*	
Much,	beaucoup de.	**Many,**	beaucoup de.
As much,	autant de.	**As many,**	autant de.
So much,	tant de.	**So many,**	tant de.
Too much,	trop de.	**Too many,**	trop de.
How much,	combien de.	**How many,**	combien de.
Little,	peu de.	**Few,**	peu de.

Enough	*(i-neuf)*,	assez de.
More	*(mòre)*,	plus de.
Less	*(less)*,	moins de.
Hardly	*(hâr-dlé)*,	à peine.
Scarcely	*(skère-celé)*,	id.
Almost	*(aùl-most)*,	presque.
Quite	*(kouaï'te)*,	tout à fait, tout.

ADVERBES D'INTERROGATION

When?	*(houenn')*,	Quand?
Why?	*(houaï)*,	Pourquoi?
How	*(ha'ou)*,	Comment?
How often?	*(ha'ou ófen)*,	Combien de fois?
How long?		depuis quand? combien longtemps?
How far?		combien? (loin). à quelle distance?

ADVERBES DE QUALITÉ

On peut faire de presque tous les adjectifs anglais, autant d'adverbes en ajoutant le suffixe **ly**, qui correspond au suffixe **ment** en français.

Wise,	sage.	**Wisely,**	sagement.
Pretty,	joli.	**Prettily,**	joliment.
Easy,	aisé.	**Easily,**	aisément.
True,	vrai.	**Truly,**	vraiment.

Comparatifs et superlatifs des adverbes

Les adverbes forment le comparatif et le superlatif comme les adjectifs. (Voir n° 46, page 55)

Soon	**Sooner**	**The soonest**
tôt	plus tôt	le plus tôt
Easy	**More easy**	**The most easy**
aisé	plus aisé	le plus aisé

TRADUCTION ALTERNATIVE

THE WHISTLE (*continued*)

This, however, was afterwards of use to me, the impression continuing on my mind; so that often, when I was tempted to buy

LE SIFFLET (*suite*)

Ceci, cependant, fut dans la suite d'utilité (utile) à moi, l'impression continuant sur mon esprit; de sorte que souvent, quand j'étais tenté

some unnecessary thing, I said to myself : « Don't give too much for the whistle », and so I saved my money.

As I grew up, and observed the actions of men, I thought I met with many, very many, who gave too much for the whistle.

When I saw any one too ambitious of court favours, sacrificing his time in attendance and levees, his repose, his liberty, his virtue, and perhaps his friends, to attain them, I have said to myself : « This man gives too much for his whistle. »

d'acheter quelque chose non nécessaire je (me) disais à moi-même : « Ne donne pas trop pour le sifflet », et ainsi j'épargnais mon argent.

Lorsque je grandis et (que) j'observai les actions des hommes, je pensai (que) je rencontrai beaucoup, beaucoup (un très grand nombre), qui donnaient trop pour le sifflet.

Quand je voyais quelqu'un trop ambitieux des faveurs de la cour, sacrifiant son temps au service (de la cour) et aux levers (des princes), son repos, sa liberté, ses vertus et peut-être ses amis, pour obtenir (ces faveurs), je me suis dit à moi-même : « Cet homme donne trop pour son sifflet. »

VERSION DIX-HUIT. — EIGHTEENTH TRANSLATION

What is the use of this machine? — Make yourself of use to him. — This is of no use. — I never buy anything that is not necessary. — How much money have you saved? — I saved fifty francs. — That man is too ambitious. — He sacrifices every thing to attain court favours. — Where is your niece? — Here she comes. — Where are your cousins? — Here they are. — He went thither. — He did not know whither he was going. — Whence did he come? — He came from Liverpool. — Is your brother within? — No, he is without. — He ran (courait) backwards and forwards. — Sit down by me. — He was by the fire-side. There was no one by. — Near yonder house, there was a man with his dog. — Up and down. — He went up and down. — He is away from home. — Go away (allez au loin, c.-à-d. partez). — That boy ran away from his school. — Take it away (prenez cela au loin, c.-à-d. emportez-le). — Perhaps he will give it you. — The thing was done before I came. — I told you that before. — How often did you see him? — How long will she be there? — How far is it to go to your church? — Three miles.

THÈME DIX-HUIT. — EIGHTEENTH EXERCISE

Prenez ce livre, il vous sera très utile. — Quand elle est dehors, elle est toujours tentée d'acheter quelque chose; elle n'épargne pas son argent. — Cet homme est ambitieux; il sacrifie tout à son ambition. — Combien d'argent avez-vous donné à votre neveu? — Je lui ai donné cinq francs. — C'est trop. — Où est votre fils? — Le voici (*tournez*) : ici il est). — Où allez-vous? — Je vais à Manchester. — Est-ce loin? — Pas très loin, environ vingt milles. — Combien de fois lui avez-vous parlé? — Trois ou quatre fois. — Combien de temps serez-vous à Paris? — Pas très longtemps, environ deux ou trois semaines. — D'où vient-il? — De Brighton. — Partout où il va, il achète quelque chose. — Voyez-vous cet homme près de cette maison là-bas? — Il est très âgé; il est né en dix-sept-cent-quatre-vingt-douze. — Il a donné à sa fille presque tout ce qu'il avait. — Asseyez-vous près de moi, sur cette chaise. — Emportez cette assiette et donnez-m'(en) une autre. — Avez-vous assez de lait? — Je n'(en) ai pas trop. — En voulez-vous encore? — Non, merci. — Vous aimeriez mieux peut-être prendre un peu de fromage? — Non, j'ai mangé suffisamment [assez]. — Quand vous retirez-vous des affaires (Voir page 59)? — Le mois prochain. — Ayant peu d'argent, nous avons peu d'amis. — Celui qui a beaucoup d'argent a beaucoup d'amis. — Il agira (*to do*) plus sagement une autre fois. — Ceci est bien, pire, le pire de tout (v. page 56). — Nous le verrons encore [de nouveau]. — Quand? — Je ne sais pas; je ne puis pas vous le dire; peut-être l'année prochaine. — Ce sera trop tard. — Combien de fois lui avez-vous écrit? — Quatre ou cinq fois; je lui ai écrit dernièrement, la semaine dernière et auparavant, il y a quinze jours [une quinzaine passée] (voir nº 76, page 105.)

EXPRESSIONS COMMERCIALES

Advi'ce, not'ice,	conseil, avis.
To advi'se,	aviser.
As advised,	comme (il a été avisé), suivant avis.
Decli'ne, fall,	baisse.
To decline; to fall, to lower,	baisser.
To suffer a decline, **To undergo a decline,**	éprouver une baisse.

To decline, to look down,	être en baisse, tendre à la baisse.
Rise, advance,	hausse.
To be on the advance, To look up, to rise,	être en hausse, tendre à la hausse.
At an advance of..,	avec une hausse de...

EXERCICE

I would advise (conseiller) all gentlemen to learn merchants' accounts. — Be good enough to give us advice of your arrival. — You will receive the goods next week and pay as advised. — The market shows a decline. — There is a quiet (calme) trade, without any change in prices. — Prices remain (restent) about the same. — Wines of all descriptions (espèce, sorte), have declined in price. — The prices will probably decline about the end of the month. — Stocks (les fonds publics) are rising. — Prices are on the advance. — Tea is looking up.

CONVERSATION

OLD POZ (*suite*, nº 3)

(**Lucy** goes to her myrtles again).	*Lucie retourne à ses myrtes.*
Lucy. *Ah! I'm afraid this poor myrtle is quite dead.*	*Lucie*. Ah! j'ai peur (que) ce pauvre myrte (ne) soit tout à fait mort.
(The old man sighs and she turns round.)	(*Le vieillard soupire et elle se retourne.*)
Lucy (aside). *I wonder what can make him sigh so?* (Aloud) *My father won't make you wait long.*	*Lucie* (*à part*). Je me demande ce qui peut le faire soupirer ainsi? (*Haut*) Mon père ne vous fera pas longtemps attendre.
Old man. *Oh! ma'am, as long as he pleases. I'm in no haste, no haste. It's only a small matter.*	*Le vieillard*. Oh! madame, aussi longtemps qu'il lui plaira. Je ne suis pas pressé, pas pressé. Ce n'est qu'une petite affaire.
Lucy. *But does a small matter make you sigh so?*	*Lucie*. Mais est-ce une petite affaire qui vous fait soupirer ainsi?
Old man. *Ay, miss, because though it is a small matter in itself, it is not a small matter to*	*Le vieillard*. Oui, mademoiselle, parce que bien que ce soit une petite affaire en soi, ce n'est pas

me (sighing again), *it was my all, and I've lost it.* — une petite affaire pour moi. (*soupirant de nouveau*), c'était mon tout (tout ce que j'avais) et je l'ai perdu.

Lucy, *What do you mean? What have you lost?* — *Lucie*. Que voulez-vous dire? Qu'avez-vous perdu?

Old man. *Why, miss, but I won't trouble you about it.* — *Le vieillard*. Eh! bien, mademoiselle, mais je ne veux pas vous ennuyer de cela (à ce sujet).

Lucy. *But it won't trouble me at all. I mean, I wish to hear it, so tell it me.* — *Lucie*. Mais cela ne m'ennuiera pas du tout. Je veux, je désire l'entendre; ainsi dites-le moi.

Old man. *Why, miss, I slept last night at the inn here in town, the Saracen's Head.* — *Le vieillard*. Eh! bien, mademoiselle, j'ai couché la nuit dernière à l'auberge, ici, dans la ville, à la Tête-de-Sarrasin,

Lucy (interrupts him). *Hark, there is my father coming down stairs. Follow me, you may tell me your story as we go along.* — *Lucie* (*l'interrompant*). Ecoutez, voilà mon père qui descend l'escalier. Suivez-moi, vous pourrez me raconter votre histoire en marchant.

Old man. *I slept at the Saracen's Head, miss, and...* (exit talking.) — *Le vieillard*. J'ai couché à la Tête de Sarrasin, mademoiselle, et... (*il sort en parlant*.)

95 Leçon dix-neuf. — Nineteenth lesson

PRONONCIATION DES CONSONNES

Consonnes composées (suite)

1° **Sh** se prononce comme **ch** en français.

She	(*chi*),	elle.	**Shut**	(*cheut*),	fermer.
Sha'de	(*chée-de*),	ombre	**Shi'ne**	(*chaï-ne*),	briller.

2° **Ph** a le son de *f*.

Ex. :	**Phea'sant**	(*fez'zante*),	faisan.
	Physic	(*fiz'zik*),	médecine.
	Orphan	(orfann),	orphelin, etc.

Exceptions : **Ph** se prononce comme *v* dans

Stephen	*(sti-v'n)*,	Etienne.
Nephew	*(nev'iou)*,	neveu.

Ph est muet dans :

Phthisic	*(tiz'zik)*,	phtisie
Phthisis	*(taï-ciss)*,	phthisie.
Phthisical	*(tiz-zical)*,	phthisique.

Dans les mots où le *p* et l'*h* appartiennent à des syllabes différentes, ces consonnes restent séparées.

Ex. : **Shepherd** (shep'eurd), berger.

Parce que ce mot est composé de *sheep*, mouton et de *herd*, de l'Anglo-Saxon *hyrde*, gardien.

96 Prépositions

Les prépositions sont des mots invariables qui se placent généralement devant les noms, les pronoms ou les verbes pour marquer un rapport avec quelque autre chose. Ces mots sont naturellement très employés et extrêmement importants à connaître. En voici la liste alphabétique.

LISTE ALPHABÉTIQUE DES PRÉPOSITIONS

About	*(abaou'te)*,	autour de, environ, sur, dans, etc.
Above	*(abeuv')*,	au-dessus de, plus de.
According to	*acòr-digne tou)*,	suivant, selon.
Across	*(across')*,	à travers.
Af'ter	*(af'teur)*,	après, ensuite.
Against	*(aghen'ste)*,	contre, vis-à-vis.
Along	*(alon'gne)*,	le long de, près.
Amid	*(amid')*,	au milieu de, parmi.
Amidst	*(amidste)*,	» »
Among	*(amon'gne)*,	parmi, entre, chez.
Amongst	*(amongste)*,	» »
Around	*(araoun'de)*,	autour de, alentour.
At	*(att')*,	à (*sans idée de mouvement*).
Before	*(bifòre)*,	devant, avant.
Behind	*(bihaïn'de)*,	derrière, après.
Below	*(bilò)*,	au-dessous de.

Beneath	(*binith*),	au-dessous de, sous.
Besi'de	(*biçaïde*),	à côté de.
Besi'des	(*beçaïdz*),	en outre.
Between	(*bitouine*),	entre (deux).
Betwixt	(*bitouixte*),	id. id.
Beyond	(*biyonn'de*),	au-delà de).
By	(*baï*),	par, près de, etc.
Concerning	(*con'ceur'nigne*	concernant, touchant.
Down	(*daou'ne*),	en bas, à terre.
Du'ring	(*diou'rigne*),	durant, pendant.
Except	(*except*),	excepté.
Excepting	(»),	hormis.
For	(*fore*),	pour, pendant.
From	(*fromm*),	de (venant de), d'après.
In	(*inn'*),	dans (*avec idée de repos*).
Into	(*in'tou*),	dans (*avec idée de mouvement pour entrer*).
Instead of	(*in-sted'ov*),	au lieu de.
Near	(*ni'eur*),	près de.
Nigh	(*naï*),	proche, près de.
Of	(*ov*),	de (*dépendant de*).
Off	(*off"*),	au loin de.
On, upon'	(*onn', euponn*),	sur (*placé sur*).
Out of	(*aout'ov*),	hors de.
Over	(*ô-veur*),	au-dessus de, par-dessus.
Past	(*pâst*),	au-delà de.
Regarding	(*rigârdigne*),	touchant.
Respecting	(*respectigne*),	à l'égard de...
Round	(*raou'nde*),	autour de.
Since	(*sin'ce*),	depuis.
Through	(*throu*),	à travers, par le moyen de...
Throughout	(*throu-aou'te*),	à travers, d'un bout à l'autre.
Till, until	(*till, euntil'*),	jusqu'à, jusqu'à ce que.
To	(*tou*),	à, vers (*avec un verbe de mouvement*).
Touching	(*teutchigne*),	touchant.
Toward	(*tô-eurd*),	vers, envers.
Towards	(*to-eurdz*),	environ, près, etc.
Under	(*eundeur*),	sous.
Underneath	(*eun-deurnith*),	dessous.
Unto	(*euntou*),	jusqu'à (un lieu).
Up	(*eup'*),	en haut.

With	*(ouize)*,	avec.
Within	*(ouizinn)*,	en dedans, dedans.
Without	*(ouiz-aout)*,	en dehors, sans.

Les prépositions veulent être suivies de l'accusatif. Ainsi : Il est avec nous, avec eux, se dit : *he is with* **us**, *with* **them** (et non with we, with they).

Toutes les prépositions, excepté *to*, sont suivies du participe présent

Ex. : *Before going out*, avant de sortir.
After saying that, après avoir dit cela, etc.

97 REMARQUES SUR QUELQUES PRÉPOSITIONS

L'étude des prépositions est une des parties les plus difficiles de la langue anglaise, car il s'en faut de beaucoup que les prépositions françaises se traduisent toujours par les prépositions anglaises qui semblent leur correspondre. La préposition française *à*, par exemple, peut se traduire par *at*, par *to*, par *from*, selon l'idée qu'elle exprime.

Voici, sur la valeur des prépositions les plus usitées, quelques observations sur lesquelles nous appelons toute l'attention de l'élève.

At et To, *à, vers*

At s'emploie avec un verbe qui marque le repos, la présence dans un lieu.

Ex. : Il est à Douvres, *he is* **at** *Dover*
Il habite chez son père, *he lives* **at** *his father's*.

To indique la direction *vers* un endroit et s'emploie avec un verbe qui marque le mouvement.

Ex. : Je vais à Londres, *I am going* **to** *London*.

In et Into, *dans*.

In s'emploie avec un verbe de repos.

Il est dans la chambre, *he is* **in** *the room*.

In s'emploie encore, bien qu'il y ait mouvement, lorsque le sujet ne sort pas du lieu où il est.

Ex. : Il se promène dans le jardin, *he is walking* **in** *the garden*.

Into s'emploie avec un verbe qui indique le passage d'un lieu dans un autre.

Ex. : Il entra dans la chambre, *he walked* **into** *the room.*

Par analogie **into** s'emploie avec un verbe qui indique le changement d'état, la transformation.

La glace fut changée en eau : *The ice was converted* **into** *water.*

At et In, *à, dans*

On se sert généralement de **at** devant les noms de villes.

Il habite à Liverpool, *he lives* **at** *Liverpool.*

On emploie **in** devant les noms de pays et en général devant les noms des grandes capitales comme Paris et Londres.

Ex. : Il habite en France, *he lives in France.*
— à Londres, — *in London.*
— à Paris, — *in Paris.*

Of et From, *de*

Of marque la dépendance, la possession, l'appartenance. C'est le génitif latin.

Le livre de William, *the book* **of** *William.*
La page du livre, *the page* **of** *the book.*

From indique la séparation, l'éloignement, l'origine, l'extraction. C'est l'ablatif latin.

Il vint de la part de mon père, *he came* **from** *my father*
Il vient de Londres. *he is coming* **from** *London.*

Ainsi *a letter* **of** *my brother* signifie une lettre *qui appartient* à mon frère.

A letter **from** *my brother*, signifie : une lettre *qui vient de, que j'ai reçue de* mon frère.

By et With, *par* et *avec.*

By indique l'agent, la cause.
With le moyen, l'instrument dont on se sert.

Cette maison a été construite par mon père.
This house was built **by** *my father.*
Il fut blessé par les mêmes armes.
He was hurt **with** *the same weapons.*

On, Upon, Over, *sur, au-dessus de.*

On et **upon** marquent le contact, ce qui touche.

Le livre est sur la table.
The book is **on** *the table.*

Over indique ce qui plane au-dessus de, la supériorité, la domination; ce mot marque encore le mouvement d'un point à un autre, lorsqu'il faut franchir un obstacle ou un espace intermédiaire.

Ex. : Les balles passaient au-dessus de nos têtes.
The balls passed **over** *our heads.*
Il habite *de l'autre côté* de l'eau.
He lives **over** *the water.*
Il règne sur eux.
He reigns **over** *them.*
Il en triomphera (sur eux).
He will triumph **over** *them.*

TRADUCTION ALTERNATIVE

THE WHISTLE (*continued*).

When I saw another fond of popularity, constantly employing himself in political bustles, neglecting his own affairs, and ru'ining them by that neglect'. He pays, indeed, said I, too much for his whistle.

If I know a mi'ser, who ga've up' every kind of com'fortable liv'ing, all the pleas'ures of doing good to others, all the esteem of his fel'low-citizens, and the joys of benevolent friendship, for the sake of accu'mulating wealth : « *Poor man, said I, you do* (1) *indeed pay too much for your whistle.*

(To be continued.)

LE SIFFLET (*suite*).

Quand je voyais un autre (homme) amateur de popularité, constamment s'employant lui-même dans des agitations politiques, négligeant ses propres affaires et les ruinant par cette négligence : Il paie vraiment, disais-je, trop pour son sifflet.

Si je connaissais un avare qui renonçait à toute espèce d'existence (vie) confortable, à tous les plaisirs de faire le bien aux autres, à toute l'estime de ses concitoyens, et à toutes les joies de l'amitié bienveillante, pour l'amour d'accumuler la richesse : « Pauvre homme, disais-je, vous payez vraiment trop pour votre sifflet.

(*à suivre.*)

(1) Voir sur cet emploi de l'auxiliaire *do*, le n° 26, page 29.

VERSION DIX-NEUF. — NINETEENTH TRANSLATION

The pupils are about their master. — He is somewhere about the house — Have you got a knife about you? — He never carries money about him. — Will you come with me about the garden? — We shall walk about the streets. — They came across the fields. — We shall go after them. — The boy was leaning (appuyé) against the wall of the school. — Come along! (venez, allons!). — They were walking along the river. — They will walk behind us. — The drawing-room is above and the kitchen below stairs. — There are more species (espèces) of creatures above us than there are beneath. — Sit down beside (ou) by me. — Besides what I have already said. — He stood (se tenait) between you and me. — They came from beyond the sea. — Our house is near the theatre. — London is on the Thames (prononcez *Té-mz*, la Tamise). — Knowledge (le savoir) will always predominate over ignorance. — They will not come till you send for him. — They will pass through the town. — I have not seen her since last year. — How have you been since I saw you? — He ran towards the door. — He is going towards the church.

THÈME DIX-NEUF. — NINETEENTH TRANSLATION

Il y avait environ deux cents hommes dans la rue. — Dites-moi ce qui est écrit au-dessus de la porte de la classe? — « Tout ce que (*whatever*) homme a fait homme peut le faire. » — Il vint après nous. — Il se tenait (*stood*) au milieu de ses enfants. — D'où venez-vous? — Je viens de Londres. — Où allez-vous? — Je vais à Bristol. — Où est-il? — Il est à Dublin. — Où demeurez-vous? — Je demeure à Cambridge. — Venez avec moi dans la salle à manger. — Il courait autour de la chambre. — Il passa à travers le salon pour aller dans sa chambre à coucher. — Le livre est sous la table. — Il est très amateur de popularité. — Il néglige ses affaires. — Faites du bien aux autres. — On peut être heureux dans toutes les conditions (*every station of life*). — Il habite hors de la ville (*town*). — Je resterai ici jusqu'à la semaine prochaine. — Il alla jusqu'en (*as far as*) Afrique (Africa). — Lisez ce livre jusqu'à la dixième page. — La mère joue (*plays*) avec ses enfants. — Il est dedans et son frère est dehors. — Vous ne viendrez pas sans lui.

EXPRESSIONS COMMERCIALES

Cr (*creditor*),	avoir.
Dr (*debtor*),	doit.
Balance,	balance.
Balance sheet,	bilan.
To strike a balance,	établir une balance.
Rough balance (*reuff*),	balance approximative.
To balance,	balance.
To balance an account,	balancer un compte.
Profit, gain,	bénéfice.
Net profit, net gain,	bénéfice net.
Good profit.	beau bénéfice.

EXERCICE

Creditor (Cr) is the debit side (côté) of an account-book. — To balance is to sum up (faire le total de) in order to (à fin de) ascertain (constater) gain or loss, or the differences of debits and credits. — The account current shows (montre) a balance in your favour of £ 25 4s (25 livres 4 schellings). — We could sell our goods at a good profit. — The net profit amounts to £ 69.

CONVERSATION

OLD POZ (*continued* nº 4)

Scène II

Jus'tice Headstrong's stud'y	*Le cabinet du juge Headstrong.*
He appears in his night gown and cap, with his gouty foot upon' a stool.	*Il parait en robe de chambre avec son bonnet, son pied goutteux (repose) sur un tabouret.*
A ta'ble and choc'olate besi'de him. Lucy is leaning on the arm of his chair.	*Une table et du chocolat à côté de lui. Lucie s'appuie sur le bras de sa chaise.*

Jus'tice. *Well, well, my dar'ling, pres'ently. I'll see him pres'ently.*

Le juge. Bien, bien, ma chérie, tout à l'heure. Je vais le voir tout à l'heure.

Lucy. *While you are drink'ing your choc'olate, papa'?*

Lucie. Pendant que vous buvez votre chocolat, papa?

Just. *No, no, no. I nev'er see anybody till I have done my choc'olate, darling.*

Le juge. Non, non, non. Je ne vois jamais personne jusqu'à ce que j'aie fini mon chocolat (ma) chérie.

(He tastes his chocolate.)

(*Il goûte son chocolat.*)

There's no su'gar in this, child.

Il n'y a pas de sucre (dans ceci), enfant.

Lucy. *Yes, indeed, papa'.*

Lucie. Si vraiment, papa.

Just. *No, child, there's no su'gar, I tell you. That's poz'.*

Le juge. Non, enfant, il n'y a pas de sucre, vous dis-je. C'est positif.

Lucy. *Oh, but, papa', I assure you I put in' two lumps myself'.*

Lucie. Oh, mais, papa, je vous assure que j'en ai mis deux morceaux moi-même.

Just. *There's no su'gar, I say. Will you contradict me, child, for ev'er? There's no su'gar, I say!*

Le juge. Il n'y a pas de sucre, vous dis-je. Voulez-vous (donc) me contredire sans cesse (pour toujours), enfant? Il n'y a pas de sucre, vous dis-je!

98 Leçon vingt. — Twentieth lesson

PRONONCIATION DES CONSONNES

Consonnes composées (suite)

1° **Gh**, au commencement d'un mot, a le son dur de *g* français devant a, o, u.

Ex. : **Ghost** (*góste*), esprit, fantôme.
Ghastly (*gâstlé*), horrible, affreux.

Ainsi que dans le verbe **to give** (*guiv'*), donner, **gift** (*guift*), don; **girl** (*gueurle*), fille, et quelques autres.

2° **Gh** est muet devant **t** final; dans ce cas, la voyelle qui précède est longue. (Voir n° 74, page 104.)

Ni*gh*t	(*naïte*),	nuit.
Bri*gh*t	(*braïte*),	brillant.
Ri*gh*t	(*raïte*),	droit, juste.
Bou*gh*t	(*baû-te*),	acheté (part. pass. de **to buy**).
Cau*gh*t	(*caû-te*),	attrapé id. de **to catch**.

3° **Gh** est généralement muet à la fin des mots :

Tho*ugh*	(*zô*),	quoique.
Thro*ugh*	(*throu*),	à travers.
Hi*gh*	(*haï*),	haut.
Plou*gh*	(*plaou*),	charrue.

4° **Gh** a le son de **f** dans les mots suivants :

To laugh	(*lâffe*),	rire.
To cough	(*coffe*),	tousser.
Chough	(*tcheuff*),	chouette.
Enough	(*ineuffe*),	assez.
Draught	(*drafte*),	trait, tirage, etc.
Rough	(*reuff*),	raboteux, rude.
Trough	(*troffe*),	auge.
Tough	(*teuffe*),	raide.

5° **Gh** se prononce **k** dans :

Hough	(*hock*),	jarret.
Lough	(*lock*),	lac.

Ces deux mots s'écrivent aussi *hock* et *loch* en écossais, comme dans *loch Lomond*, le lac Lomond.

99 Conjonctions

Les conjonctions sont des mots invariables qui réunissent les phrases, les membres de phrases ou les mots. Quelques grammairiens les divisent en une dizaine de classes, en copulatives, alternatives, etc. Nous nous bornerons, dans cette étude élémentaire, à en donner une liste alphabétique, qui facilitera les recherches de l'élève.

TABLEAU DES CONJONCTIONS

Af'ter	*(âf'teur)*,	après que.
Al'so	*(aôl'sô)*,	aussi.
Al'though	*(aôl'zo)*,	quoique, bien que, quand même.
And	*(ann'd)*,	et.
As	*(az')*,	comme, de même que, parce que.
Because	*(bicaô'se)*,	parce que.
Before	*(bifore')*,	avant que.
Besi'des	*(biçaïdz)*,	d'ailleurs, outre que.
Both... and...	*(bôth)*,	et... et... tant... que...
Either... or...	*(v. p. 53, nº 2)*,	ou... ou...
Else, or else		autrement, ou bien.
Except'	*(eccept')*,	à moins que, à moins de.
For	*(fore)*,	car
Further	*(feurzeur)*,	de plus.
How	*(ha'ou)*,	comme.
Howev'er	*(haouev'eur)*,	toutefois, en tous cas.
If	*(if')*,	si, pourvu que.
Lest	*(leste')*,	de peur que.
Moreover	*(morô-veur)*,	bien plus, en outre.
Nay	*(né)*,	non, qui plus est, de plus.
Neither... nor...	*(v. p. 53, nº 2)*,	ni... ni...
Nev'ertheless	*(nev'eurzless)*,	néanmoins.
Nor	*(nor')*,	ni, ne pas.
Now	*(na'ou)*,	or.
Or	*(or')*,	ou.
Otherwise	*(euz'eurouaïze)*,	autrement, sinon.
Sin'ce	*(sin'ce)*,	puisque, depuis que.
So	*(so)*,	aussi, ainsi, de même, si, tellement, pourvu que,
That	*(zat')*,	que, afin que.
Therefore	*(zèrefore)*,	ainsi, c'est pourquoi, donc.
Though	*(voir nº 98)*,	quoique, bien que.
Then	*(zen')*,	donc, puis,
Till	*(till')*,	jusqu'à ce que.
Until	*(euntill')*,	id. id.
Unless	*(eunless')*,	à moins que.
When	*(houen')*,	quand, lorsque.
Why	*(houaï)*,	pourquoi.

Whereas'	(*houèraz'*),	au lieu que, attendu que.
Wherefore	(*houèrefore*),	aussi, c'est pourquoi.
Whi'le	(*houaï-le*),	lorsque, tandis que.
Without'	(*outzaout'*),	sans que.
Whether	(*houez'eur*),	si (à savoir si), soit que, que.
Whether... or...		soit que... ou que...

LOCUTIONS CONJONCTIVES

According as,	selon que.
As **well** as,	aussi bien que.
As **soon** as,	aussi tôt que.
As **long** as,	aussi longtemps que, tant que.
As **much** as,	autant que (quantité).
In as much as,	en tant que, vu que.
In **order** that,	afin que.
In **order** to,	afin de.
In so much that,	si bien que.
Just when,	à l'instant que.
So that...	de sorte que, etc.

TRADUCTION ALTERNATIVE

THE WHISTLE (*continued*)

When I meet a man of pleasure, sac'rificing ev'ery laudable im-pro'vement of the mind, or of his for'tune, to mere corpo'real sensations : Mista'ken man, says I, you are provi'ding pain for yourself instead'of pleas'ure, you give too much for your whistle.

If I see one fond of fine clo'thes, fine fur'niture, fine eq'uipages, all above'e his fortune, for which he contracts' debts, and ends his career' in pris'on : « Alas! says

LE SIFFLET (*suite*)

Quand je rencontre un homme de plaisir sacrifiant tous les perfectionnements louables de l'esprit ou de sa fortune, à de simples sensations corporelles : Homme trompé (aveugle), dis-je, vous vous procurez (pour vous-même) de la souffrance au lieu de plaisir; vous donnez trop pour votre sifflet.

Si je vois quelqu'un amateur de beaux habits, de beaux équipages, tous au-dessus de sa fortune, pour lesquels il contracte des dettes, et finit sa carrière en prison : « Hélas!

I, he has paid dear, very dear, for his whistle. »

In short, I concei'ved that a great part of the mis'eries of mankind were brought upon' them by the false es'timates they had ma'de of the val'ue of things, and by their giv'ing too much for their whistles.

Franklin's essays.

dis-je, il a payé cher, très cher pour son sifflet.

Bref, j'ai conçu (pensé) qu'une grande partie des misères du genre humain (des hommes) était apportée sur eux par les fausses estimations qu'ils avaient faites de la valeur des choses, et par leur donnant trop (parce qu'ils donnaient) trop pour leurs sifflets.

Essais de Franklin.

NOTA. — Dans ces exercices de traduction alternative, nous nous sommes efforcés, pour rendre la tâche de l'élève plus facile, de traduire aussi littéralement que possible. Nous ajoutons ici une traduction plus française, que l'élève pourra essayer de reproduire en anglais. Il jugera mieux, par ce travail, de la différence du génie des deux langues.

LE SIFFLET (*histoire vraie*)

Quand j'étais enfant, à l'âge de sept ans, mes amis, un jour de fête, remplirent mes poches de sous. J'allai immédiatement dans une boutique où l'on vendait des jouets pour les enfants. Charmé du son d'un sifflet que je vis en route entre les mains d'un autre garçon, je lui offris spontanément tout mon argent pour l'avoir. Je revins alors chez moi et m'en allai sifflant par toute la maison, enchanté de mon sifflet, mais ennuyant toute la famille. Mes frères, mes sœurs et mes cousins, apprenant le marché que j'avais fait, me dirent que j'avais payé mon sifflet quatre fois plus qu'il ne valait. Ceci me donna à penser quelles bonnes choses j'aurais pu acheter avec le reste de mon argent. Ils se moquèrent tellement de ma sottise que j'en pleurai de dépit. La réflexion me causa plus de chagrin que le sifflet ne m'avait donné de plaisir.

Cette histoire, cependant, me fut utile. J'en conservai l'impression dans mon esprit. Souvent, quand j'étais tenté d'acheter quelque chose d'inutile, je me disais : « Ne donne pas trop pour le sifflet », et j'économisais mon argent.

Lorsque je fus grand et que j'entrai dans le monde, j'observai les actions des hommes. Il me sembla que j'en rencontrai beaucoup, beaucoup, qui donnaient trop pour le sifflet.

Quand je voyais un homme trop ambitieux des faveurs de la cour, qui passait son temps à assister au lever des princes, sacrifiant son repos, sa liberté, sa vertu et peut-être ses amis pour arriver aux honneurs, je me disais : « Cet homme donne trop pour son sifflet.

Quand j'en voyais un autre, amateur de popularité, constamment absorbé par les agitations politiques, négligeant ses propres affaires et marchant à la ruine par cette négligence : « Il paie vraiment trop son sifflet. »

Si je connaissais un avare qui se privait de tous les conforts de la vie, du plaisir de faire le bien aux autres, de l'estime de ses concitoyens et des joies de la bienfaisance et de l'amitié, pour amasser des richesses : « Pauvre homme, disais-je, vous payez vraiment trop pour votre sifflet. »

Quand je rencontre un homme de plaisirs, qui sacrifie à de simples sensations corporelles, tous les louables perfectionnements de son esprit ou de sa fortune : « Homme aveugle, dis-je, vous vous préparez de la douleur au lieu de plaisir; vous donnez trop pour votre sifflet.

Si je vois quelque amateur de beaux habits, de beaux meubles, de beaux équipages, au-dessus de sa fortune, pour lesquels il s'endette et finit sa carrière en prison : « Hélas! dis-je, il a payé cher, bien cher pour son sifflet. »

Bref, j'ai compris que les hommes s'attirent une grande partie des misères dont ils souffrent, par la fausse estimation qu'ils font de la valeur des choses, et parce qu'ils donnent trop pour leur sifflet.

Essais de Franklin.

TWENTIETH TRANSLATION. — VINGTIÈME VERSION

Come after he is gone (1). — Although millions were given me, I would not do it. — Do as you please. — Why do you not speak? — Because I have nothing to say. — You must see him before you go out. — Both the rich and the poor are equal (*égaux*) before the law (*la loi*). — Both in France and Italy. — He was both (*à la fois*) a great warrior (guerrier) and a statesman (homme d'état). — Come either on Monday or on Thursday. — Neither my father, nor my mother was there with them. — Whether he writes to me or not, I will not write to him. —

(1) Après les conjonctions de temps *after*, *when*, *while*, etc., le verbe qui est au futur en français se met en anglais au présent de l'indicatif.

Ex. : J'irai vous voir, quand je serai à Paris.
I shall go and see you, when I am in Paris.

I doubt whether he will succeed (réussir). — We shall be at school as soon as our master. — In order that you might do it. — Take as much as you please. — So much the better (*tant mieux*). — So much the worse (*tant pis*). — When did you meet that man? — The day before yesterday, in London. — He sacrifices all his fortune to his passions. — He is fond of fine things, all above his fortune. — He will contract debts and end his life in prison. In short, he pays dear for his whistle. — So much the worse for him.

THÈME VINGT. — TWENTIETH EXERCISE

Quand viendrez-vous? — Je viendrai lundi. — Depuis qu'il est ici, il n'a pas écrit à son père. — J'arriverai là aussitôt que vous. — Quand il était enfant, son frère lui donnait beaucoup de choses. — J'allai donc dans cette boutique pour acheter des jouets, lorsque je vis un sifflet dans les mains d'un petit garçon. — Je l'achetai très cher; je lui donnai tout l'argent que j'avais dans ma poche. — Mes frères se moquèrent de moi, de sorte que je criai de dépit. — Cependant cela me fut utile dans la suite. — Cet homme néglige ses affaires; il se ruinera. — Ce vieillard est un avare; il ne donne jamais rien aux pauvres. — Faites du bien aux autres et vous aurez l'estime de vos concitoyens. Quoiqu'il soit [il est] (1) pauvre, il fait du bien aux autres. — Depuis qu'elle est ici, elle est malade (*ill*). — Pourquoi n'écrivez-vous pas à votre mère? — Parce que j'irai la voir [j'irai et verrai] la semaine prochaine. — Tant mieux. — Néanmoins je lui écrirai peut-être demain matin. — Ce jeune homme a contracté des dettes. — Tant pis. — Il finira sa vie en prison.

EXPRESSIONS COMMERCIALES

Account (*acaounte*),	compte, note.
On joint and equal (*ikouol*) account,	de compte à demi.
Account current,	compte-courant.
To credit an account with...	créditer un compte.
To debit an account with...	débiter un compte.

(1) Le subjonctif est fort peu employé en anglais; traduisez par le temps correspondant de l'indicatif.

To examine an account,	examiner un compte.
To open an account,	ouvrir un compte.
To pass *ou* to carry an account.	porter en compte, au compte de...
To settle *ou* close an account,	arrêter un compte.
To hand *ou* to enclose an account,	remettre un compte.
Balance of account,	solde de compte.
Extract ou abstract of account,	extrait, relevé de compte.

EXERCICE

I have an account open with him. — He paid forty francs on account. — The account is thus between us. — Your account shall be examined and the balance of £ 55 (fifty five pounds) shall be carried to a new account. — We send you a statement (un état) of your account current up to the 31st of June last. — We have credited your account with the amount of the invoice. — We enclose your account current to the 31st ult.

CONVERSATION

OLD POZ (*continued* n° 5)

(Lu'cy leans over him playfully, and with his tea-spoon pulls out two lumps of su'gar.)

(*Lucie se penche sur lui d'un air enjoué, et avec sa cuillère à thé, elle retire deux morceaux de sucre.*)

Lucy. *What's this, papa?*

Lucie. Qu'est-ce que cela, papa?

Just. *Pshaw!* (1) *pshaw! pshaw! it is not melted, child. It is the same as no sugar. Oh, my foot, girl! my foot! You kill me. Go, go, I'm busy* (2). *I've business to do. Go and send William to me; do you hear, love?* (3)

Le juge. Peuh! peuh! peuh! il n'est pas fondu, enfant. C'est comme s'il n'y avait pas de sucre. Oh! mon pied, ma fille! mon pied! Vous me tuez. Allez, allez, je suis occupé. J'ai à faire. Envoyez-moi William; entendez-vous, ma chérie?

Lucy. *And the old man, papa?*

Lucy. Et le vieillard, papa?

(1) Prononcez *chê.*
(2) Prononcez *bi:'é.*
(3) *Love*, mon amour, ma chérie.

Just. *What old man? I tell you what; I've been pla'gued ev'er since I was awa'ke, and before I was awa'ke, about that old man. If he can't wait, let him go about his business. Don't you know, child, I nev'er see anybody till I have drunk my choc'olate? And I nev'er will, if it were a duke, that's poz? Why, it has but just struck twelve; if he can't wait, he can go about his business, can't he?*

(To be continued.)

Le juge. Quel vieillard? Je vais vous dire (ce que c'est); j'ai été tourmenté tout le temps depuis que je suis réveillé, et avant d'être réveillé, à propos de ce vieillard. S'il ne peut pas attendre, qu'il aille à ses affaires (qu'il aille se promener). Ne savez-vous pas, enfant, que je ne vois jamais personne avant d'avoir bu mon chocolat? Et jamais je ne le ferai, quand même ce serait un duc, c'est positif! Eh quoi! midi ne fait que sonner; s'il ne peut pas attendre, qu'il aille à ses affaires, n'est-ce pas?

(*à suivre.*)

Vingtième leçon. — Twenty-first lesson

Consonnes composées (Suite)

TH

Th a deux sons :

Le son *dur* ou *fort*.

Le son *doux* ou *faible*.

(Voir pages 6 et 7.)

Nous avons dit que pour prononcer le **th** dur, il fallait appuyer le bout de la langue contre les dents supérieures et chasser l'air en prononçant une **s** dure.

Pour prononcer le **th** doux ou *faible*, on procède de la même façon, mais au lieu d'une **s** on prononce un **z**, à peu près comme les personnes qui zézaient.

1° Le **Th** est généralement dur au commencement des mots, dans les substantifs, les adjectifs et les verbes.

2° Le **Th** est doux dans presque tous les mots *conjonctifs*, c'est-à-dire ceux qui servent à unir les mots et les phrases, comme l'article *the*, les adjectifs démonstratifs *this* et *that*, les conjonctions *then*, *though*, etc.

EXERCICE SUR LE Th DUR (1)

	pages				
Thin,	25.	**Thursday,**	76.	**North,**	114.
Three,	39.	**Thought,**	78.	**South,**	114.
Thirteen,	40.	**Mouth,**	83.	**Warmth**	114.
Thousand,	40.	**Throat,**	83.	**Thunder,**	114.
Third,	47.	**Thumb,**	83.	**Birth,**	120.
Tooth,	62.	**Through,**	84-149.	**Death,**	120.
Broth,	66.	**Nothing,**	88.	**To threaten,**	128.
Thirsty,	67.	**Thick,**	90.	Throughout,	149, etc.
Month,	75-98.	**Bath,**	111.		
Monthly,	99.	**Earth,**	114.		

EXERCICE SUR THE Th DOUX OU FAIBLE (2)

Father,	14.	**Thy,**	72.	**Thence,**	141.
Mother,	14.	**Thine.**	72.	**Within,**	150.
Brother,	14.	**That,**	80.	**Without,**	150.
Thou,	65.	**Weather,**	113.	**With,**	150.
Thee,	65.	**There,**	141.	**Though.**	157.
They, them,	65.	**Thither,**	141.	**Then.**	157.
		Whither,	141.	**Whether.**	158.

(1) Nous donnons ici une récapitulation des mots dans lesquels se rencontre la consonne composée *th* avec l'indication de la page que l'élève pourra consulter.

(2) Dans nos vocabulaires nous avons figuré la prononciation du *th* doux par un *z*, mais l'élève ne doit pas oublier que ce *z* ne se prononce pas exactement comme en français; il faut, pour le bien prononcer, appuyer, comme nous l'avons déjà dit, le bout de la langue contre les dents supérieures.

101 GRAMMAIRE

Interjection

Les *interjections* sont des mots ou plutôt des exclamations, qui expriment un sentiment soudain de joie, de douleur, de surprise, de colère, etc.

Tableau des principales interjections

Ah!	(*â*),	ah!	
Alas!	(*alass'*),	hélas!	expriment la douleur.
Alack!	(*alack'*),	hélas!	
Lack-a-day	(*lack-é-dé*),	ouais!	
Hey!	(*hé*),	hé! hein!	
Bra'vo	(*bré'vo*),	bravo!	la joie.
Hurrah	(*hourâ'*),	hourra!	
Tush!	(*teuch!*),	fi! fi donc!	
***P*shaw!**	(*chaû*),	bah!	
Zoundz!	(*zaounds*),	morbleu!	
Pu*gh!*	(*pou*),	fi!	désapprobation.
Avaunt	(*avaûnt*),	arrière!	
Fie	(*faïe*),	fi donc!	
Hum!	(*heum'*),	hem!	hésitation, doute.
Ha!	(*hâ*),	ha!	
O! la!	(*ô laû*),	oh! là.	exclamation.
Welcome!	(*ouel'keum*),	salut!	le salut.
Hail!	(*hé'le*),	salut!	
Hush!	(*heuch*),	chut!	le silence.
Mum!	(*meum'*),	silence!	
Indeed!	(*indide*),	vraiment!	la surprise.
Faith!	(*fé-th*),	ma foi!	l'affirmation.
Halloo!	(*hal'lou*),	hola!	
Hey!	(*hé'*),	hé!	pour appeler.
I say!	(*aï sé*),	dites donc!	
Hark!	(*hârk*),	écoutez!	pour exciter l'attention.
Hush!	(*heuch*),	id.	

Take care!	(*téke hère*),	prenez garde!	pour avertir.
Look out!	(*loukaout*),	gare!	
Beware	(*bi-ouère*),	attention.	
Oh dear!	(*ô di-er*),	mon dieu!	étonnement.
Dear me!	(*di-er mi!*),	mon dieu!	
Why!	(*ouaïe*),	mais! eh quoi!	

EXERCICE SUR LES INTERJECTIONS.

Ah! I am afraid this poor boy is dead.
Oh! Don't send him away!
Fie! You must not do so!
Why! I slept last night at the inn!
Pshaw! pshaw! the sugar is not melted!
Hark! What is that?
Hush! hush! somebody will hear you.

TRADUCTION ALTERNATIVE

THE FOX AND THE STORK

A fox asked a stork to din'ner, with the naughty pur'pose of play'ing a trick on his guest (pr. ghest).

The stork came at the hour fixed with a good ap'pet'ite for her meat. But little pleased was she on finding that it consis'ted of mince, served up in a dish so shallow that she could scar'cely with her long slen'der bill, pick up enough to satisfy a sparrow! The fox lap'ped up the food readily enough, only stop'ping a mo'ment to say : « I ho'pe, madam, that you li'ke your feast? Don't you think that my mince is first-rate?

LE RENARD ET LA CIGOGNE

Un renard invita une cigogne à dîner, avec le vilain dessein de jouer un tour à son invitée (conviée).

La cigogne vint à l'heure fixée avec un bon appétit pour son repas. Mais peu contente fut-elle en trouvant qu'il consistait en viande hachée menu, servie dans un plat si peu profond (si plat) qu'elle put à peine, avec son long bec effilé (en) ramasser suffisamment pour satisfaire un moineau! Le renard lapa la nourriture sans peine (assez facilement), s'arrêtant seulement un moment pour dire : « J'espère, madame, que vous aimez votre festin? Ne pensez-vous pas que mon hachis est de première qualité?

The stork ma'de no reply', but reti'red, hun'gry and much dis-plea'sed, from the al'most un-ta'sted meal.	La cigogne ne fit aucune réponse, mais se retira, affamée et très mécontente, de ce repas (auquel) elle n'avait presque pas touché.
(To be continued.)	(*à suivre.*)

VINGT-ET-UNIÈME VERSION. — TWENTY-FIRST TRANSLATION

One day a fox asked a stork to dinner. — But he did it with a naughty purpose. — He wanted to play a trick on the stork. — That animal plays all his tricks. — The children in the village were playing a thousand tricks upon the old man. — The stork was the guest of the fox. — What is a guest? — A guest is a person entertained (reçue) in the house or at the table of another. — A guest is not simply a visitor. — Every guest is a visitor; but every visitor is not a guest. — A visitor simply comes to see a person; a guest partakes of (prend part à, reçoit) his hospitality. — The person who entertains another is called a host. — Did the stork come to be entertained by the fox? — Yes, she came at the hour fixed. — She was very hungry. — The fox wished her a good appetite. — Hunger is the best sauce. — The meal was ready on the table. — What did the stork find on arriving? — She found that the meal consisted of mince, that is to say (c'est-à-dire), of meat cut into very small pieces. — She was, of course (naturellement), much displeased, because with her long slender bill she could not pick up anything to eat, while the fox lapped up the food in a moment. — How do you like your feast, madam? — Your meat is first-rate, sir. — So much the better, I am quite pleased. — Many thanks; I hope you will come back another time. — Certainly, I will.

VINGT-ET-UNIÈME THÈME. — TWENTY-FIRST EXERCISE

Ils nous ont invité à dîner. — Quand? — Hier. — Irez-vous? — Oui, j'irai avec mon frère. — Cet enfant est méchant; il joue (des) tours à tous ses petits amis. — (Le) roi Duncan était l'hôte de Macbeth. — Macbeth assassina (*murdered*) son hôte. — En arrivant, elle trouva que le déjeuner n'était pas prêt. — Elle fut très mécontente parce qu'elle avait faim. — Bonjour, monsieur, avez-vous faim? — Je vous souhai te [un] bon appétit. — Je mange toujours (*voir page 137, nota*) avec appétit. — Cela excite [*excï'tes*] l'appétit. — La viande était coupée en très petits morceaux. — Elle ne put rien attraper [*to pick up*], tandis que le renard lapa tout. — Cette viande est-elle bonne? — Comment la trouvez-vous, monsieur? — Très bonne, merci; c'est (de la) viande de première qualité. — Naturellement, vous reviendrez [*to come back*]. — Je ne sais pas si je pourrai revenir. — Mais il faut que vous reveniez bientôt. — Je ne pourrai pas, car je dois aller en Angleterre, où je resterai peut-être un an ou deux. — Dites donc! pouvez-vous venir avec nous ce soir? — Chut! le maître vient. — Ne parlez pas si fort [*so loud*]. — Où avez-vous couché [*to sleep, slept, slept*] la nuit dernière? — Mais! j'ai couché à l'auberge, ici, dans le village. — Hélas! le pauvre enfant est mort! — Mon Dieu! que va devenir [*what will become of*] sa pauvre mère?

EXPRESSIONS COMMERCIALES

Exchange (*eks-tché'dje*),	le change.
Foreign exchange (*for'rinn*),	change étranger.
Inland exchange,	change intérieur.
Cur'rent **exchange**,	change courant, du jour.
Ra'te of **exchange**,	taux du change.
Course of **exchange** (*kôrce*),	cours du change.
Bill of **exchange**,	lettre de change.
Exchange, Stock-exchange, **'Change**,	La Bourse (où se font les achats et les ventes des fonds publics, actions, obligations, etc.
On'Change,	à la Bourse.
The Exchange,	la salle de la Bourse.
To go on Change,	aller à la Bourse.
To **spec'**ulate in the funds,	jouer à la Bourse.
The course of exchange,	le cours de la Bourse.
Money-market,	le marché financier.
Ra'te of discounts (*discaoun'ts*),	taux d'escompte de la banque d'Angleterre.
A war of ra'tes (*ouor'*),	une guerre de tarifs.
Bill ra'tes,	escompte sur effets.

EXERCICES

Bill rates are unchanged (*sans changement*). — On'Change, bills on France and Belgium (*la Belgique*) are in good demand. — The market for home government securities (*bons du Trésor du gouvernement anglais*) has been firmer (*plus ferme*) to-day. — The Three per cents fell 1/8 to 97 1/4, but the three-and-a-half per cents were 1/8 higher at 106. — The exchange on Paris is 25 fr. 15 (change de la livre sterling).

CONVERSATION

OLD POZ (*continued* n° 6).

Lucy. *Oh, sir, he can wait. It was not he who was impa'tient* (she comes back play'fully), *it was only I, papa'; don't be angry.*

Justice. *Well, well, well.*

(Finishing his cup of choc'olate, and push'ing the dish away), *and at any ra'te there was not su'gar enough. Send William, send William, child, and I'll finish my own business, and then...*

Exit Lucy dancing, « *And then, and then!* »

Justice alone.

Oh this foot of mine! (twinges) *oh this foot! Ay, if Dr Spa'rerib could cure one of the gout, then, indeed, I should think something of him; but as to my leaving off my bottle of port, it's nonsense. I can't do it, I can't, and I won't for all the Dr Sparerlbs in Christendom, that's poz.*

(To be continued).

Lucie. Oh, monsieur, il peut attendre. Ce n'était pas lui qui était impatient. (*Elle revient en jouant.*)

C'était seulement moi, papa, ne vous fâchez pas.

Le juge. Bien, bien, bien.

(*Il finit sa tasse de chocolat et repousse le plateau.*) Et dans tous les cas il n'y avait pas assez de sucre. Envoyez-moi William, envoyez-moi William, et je terminerai mes affaires personnelles et alors...

Lucie sort en dansant, (*répétant*) : « Et alors, et alors! »

Le juge, *seul.*

Oh! ce pied! (à moi) (*élancements*) oh! ce pied! Oui, si le docteur Sparerib pouvait guérir quelqu'un de la goutte, alors, vraiment, j'aurais de lui bonne opinion, mais quant à renoncer à ma bouteille de Porto, c'est absurde. Je ne le peux pas, je ne le peux pas, je ne veux pas pour tous les docteurs Sparerib de la chrétienté. C'est positif.

(*à suivre.*)

Vingt-deuxième leçon. — Twenty-second lesson

Consonnes muettes (voir nº 3, page 5)

Les consonnes **b**, **g**, **k**, **l**, **p**, **t**, **w**, **gh**, sont muettes dans les combinaisons suivantes :

1º **B** est muet après **m** et avant **t** dans la même syllabe. Ex. :

Lam*b*	(*lamm'*),	agneau.
Lim*b*	(*limm'*),	membre.
Dum*b*	(*deumm'*),	muet.
Thum*b*	(*theumm'*),	pouce.
Dou*b***t**	(*da'out*),	doute.
De*b***t**	(*dett'*),	dette.

2º **G** est muet, au commencement et à la fin des mots, devant la lettre **n**. Ex. :

*G***nat**	(*natt'*),	cousin, moucheron.
To *g***naw**	(*naû*),	ronger.
To *g***nash**	(*nach'*),	grincer des dents.
To *g***narl**	(*nârle*),	grogner.
*G***nome**	(*nô'me*),	gnome.
To **resi***g***n**	(*rîzaï-ne*),	résigner, se démettre.
Desi*g***n**	(*dizaï-ne*),	dessein, projet.

3º **K** est muet devant **n**.

To *k***now**	(*nô*),	savoir, connaître.
To *k***nock**	(*nock'*),	frapper.
*K***nee**	(*nî*),	genou.
*K***nife**	(*naï-fe*),	couteau.
*K***not**	(*nott'*),	nœud.

4° **L** est muette dans les syllabes suivantes : **Alf, alk, alm, alv, olk, ould.** Ex. :

Ha*l*f	(*hâf'*),	moitié, demi.
Ha*l*ves	(*hâvz*),	moitiés.
A*l*ms	(*âmze*),	aumône.
To **ta*l*k**	(*taù-ke*),	causer, parler.
To **wa*l*k**	(*ouaù-ke*),	se promener.
Fo*l*k	(*fô-ke*),	gens.
Cou*l*d	(*coud'*),	pouvait (parf. de *can*).
Shou*l*d	(*choud'*),	devait (parf. de *shall*).
Wou*l*d	(*ououd'*),	voulait (parf. de *will*).

5° **P** est muet devant **n** et **s** au commencement des mots :

***P*shaw**	(*chaù*),	bah !
***P*neumatics**	(*nioumat'iks*),	pneumatique.
***P*sa*l*m**	(*sâ-me*),	psaume.

Cette consonne est encore muette entre **M** et **t** dans le milieu des mots :

Em*p*ty	(*em'té*),	vide.
To **tem*p*t**	(*tem'te*),	tenter.

6° **W** est muet devant **r** :

To ***w*rite**	(*raï'te*),	écrire.
To ***w*rap**	(*rapp'*),	envelopper.
***W*rist**	(*rist*),	poignet.

7° **Gh** (voir n° 98, page 155).

8° **T** est muet dans les mots suivants, après **s** et devant les terminaisons **en** et **le** :

Of*t*en	(*ô'fen*),	souvent.
Cas*t*le	(*câs-s'l*),	château, tour.
To **lis*t*en**	(*lis's'n*),	écouter.

De la formation des mots

Nous avons étudié successivement les différentes parties du discours, le nom, l'adjectif, le pronom, le verbe, etc.; nous croyons utile d'ajouter ici quelques considérations sur la formation des mots.

On distingue plusieurs espèces de mots :

1° Les mots *primitifs* ou *racines*, qui sont ordinairement monosyllabiques;

2° Les mots *dérivés*, formés à l'aide de *préfixes* et de *suffixes*;

3° Les mots *composés* de deux ou plusieurs racines.

On appelle *préfixe* une syllabe qui précède le mot-racine; *suffixe* une syllabe qui se place après. Ex :

Man, homme, est un mot primitif ou racine.

To ***un*man**, est un mot *dérivé*, formé de la racine **man** et du préfixe **un**, qui ajoute à la racine un sens négatif ou privatif; **to unman** signifie donc « enlever la qualité d'homme, décourager, et aussi dépeupler. »

Man*ful*, est un autre *dérivé*, formé à l'aide du suffixe **ful** (qui vient de l'adjectif **full**, plein de et marque l'abondance, la plénitude). **Manful** signifie donc « qui a toutes les qualités de l'homme, viril, courageux, etc. »

Voilà pour les mots *dérivés*, qu'il ne faut pas confondre avec les mots *composés*.

Ces derniers sont formés de plusieurs mots dont chacun a un sens particulier et peut s'employer seul. Ainsi du verbe **to eat**, manger, on a dérivé le substantif **eater**, mangeur. Ce mot **eater**, joint au mot **man**, donne le composé **man-eater**, mangeur d'homme, anthropophage.

Nous allons étudier successivement les principaux préfixes et suffixes. Cette étude sera pour l'élève de la plus grande utilité. Elle lui permettra de mieux saisir le sens exact des mots dérivés, très nombreux dans la langue anglaise.

PRÉFIXES SAXONS (1)

A, préfixe saxon, correspond aux prépositions françaises à, de, en, au. Ex : ***a*board,** à bord; ***a*new,** de nouveau; ***a*head,** en avant, en tête; ***a*bed,** au lit, couché; ***a*shore,** à terre, échoué, de *shore*, rivage; ***a*foot,** à pied; ***a*sleep,** endormi; ***a*live,** vivant, de **life,** vie, etc., etc.

Be. — 1° Ce préfixe, joint à un verbe *neutre*, en fait un verbe actif :

To **weep,**	pleurer,	to **beweep,**	pleurer quelqu'un.
To **lie,**	mentir,	to **belie,**	calomnier.

2° Il transforme des substantifs ou des adjectifs en verbes :

Friend, (*frend'*),	ami,	to **befriend,**	favoriser, protéger.
Calm, (*câ-me*),	calme,	to **becalm,**	calmer.
Wet,	humide,	to **bewet,**	humecter.

For donne au verbe qu'il précède une signification détournée, en opposition plus ou moins directe avec le sens du radical. Ex :

To **bid,**	ordonner,	to **forbid,**	défendre.
To **give,**	donner,	to forgive,	pardonner.

Fore signifie *avant* ou *devant*, marque la priorité de temps ou de lieu, correspond souvent à *pré*, en français.

To **foresee,**	prévoir,	to **foretell,**	prédire.
Foretaste,	avant-goût,	**forefoot,**	pied de devant.
Forefathers,	ancêtres (pères *avant* nous).		

Gain signifie *contre* (voir *against*, aux prépositions).
To **gainsay** (to say against), contredire.

Over se place devant des noms, des adjectifs ou des verbes et marque la *supériorité* ou l'*excès*.

Bold,	hardi,	**overbold,**	trop hardi.
To **fill,**	remplir,	to **overfill,**	remplir trop.
To **do,**	faire,	to **overdo,**	faire trop, outrer.
To **overcome,**	surmonter, l'emporter sur.		

(1) Nous n'étudierons que les préfixes saxons, ceux qu'il importe le plus à l'élève français de connaître. Les préfixes latins ou grecs ont la même valeur qu'en français dans les mots dérivés des langues anciennes : **possible**, ***im*possible**, etc.

To overpower, vaincre, maîtriser, subjuguer.
To overrun, (courir par dessus), envahir.
To overflow, (couler par dessus), inonder.

(*Voir la suite des préfixes saxons à la leçon suivante*).

The **town**	(*ta'oun*),	la ville.
Cit'y		cité; ville.
A street	(*strite*),	une rue.
Foot-pa'vement	(*fout-pée-vement*),	trottoir.
Square	(*squè-re*),	place publique.
Church	(*tcheur'tche*),	église.
Church-yard	»	cimetière (*yard*, cour).
Town-hall	(*ta'oun-haûl*),	hôtel de ville.
Muse'um	(*muzi'eum*),	musée.
Li'brary	(*laï-bréré*),	bibliothèque.
Pal'ace	(*pal'èce*),	palais.
Build'ing	(*Bild'igne*),	édifice.
Toll-house	(*tôle-ha'ouce*),	octroi, péage.
Cus'tom-house	(*keus'teum-ha'ouce*),	douane.
The'atre	(*Thi-eteur*),	théâtre.
Play	(*plé*),	pièce de théâtre.
Con'cert	(*conn'ceurt*),	concert.
Shop'	(*chop'*),	boutique.
Police'man	(*police-meun*),	agent de police.
Con'stable	(*keun'stable*),	constable.
Fi'reman	(*faï-eurman*),	pompier.
Pris'on	(*pris'-eun*),	prison.
Tav'ern	(*tav'eurn*),	auberge, taverne.
Inn	(*inn*),	auberge, hôtel.
Ho'tel	(*hô-tel*),	hôtel.
Si'gn	(*saï-ne*),	enseigne.
The **mar'**ket	(*mâr'-ket*),	marché.
District	(*dis'trict*),	arrondissement.
Ward	(*ouârd*),	quartier.
Dock	(*dock*),	dock.
Wharf { wharfs, wharves	(*ouorfe*)	quai (d'embarquement).

Sta'tion	(*stée-cheun*),	station.
Ter'minus	(*teur'mineuss*),	gare, tête de ligne.
Riv'er	(*riv'eur*),	fleuve, rivière.
Bank	(*bann'ke*),	bord, rive.
Brid'ge	(*brid-ge*),	pont.
Arch, arches	(*ârtch, ârtchiz*),	arche, arches.
Cof'fee-room	(*cof'fi-roum*),	salle de café, café.
Di'ning-room	(*daï'-nigne-roum*),	restaurant.
Boarding-house	(*bòr-digne-haouce*),	pension bourgeoise.
Club'	(*cleub'*),	club, cercle.
Omnibus ou **bus**	(*omnibeuss, beuss*),	omnibus.
Cab'	(*cab'*),	cabriolet.
Cab'man	(*cab'man*),	cocher (de cabriolet).
Hackney-coach	(*hackné-côtche*),	fiacre.

VERBES

To **cross**	(*cross*),	traverser.
To **walk**	(*ouaûke*),	marcher, se promener.
To **stroll, a stroll**	(*strô-le*),	flâner; promenade.
To **stop**	(*stop'*),	s'arrêter.
To **repair**	(*ripère*),	se rendre.
To **reach**	(*ri-tche*),	atteindre, arriver à.
To arri've at	(*arraï'-ve*),	arriver à.
To **vis'**it	(*viz'it*),	visiter.

VERBES IRRÉGULIERS

(voir n° 90, page 134)

1re classe

Verbes irréguliers dont le parfait et le participe passé sont semblables à l'infinitif :

To **beat,**	(*bi-te*),	**I beat,**	**beat** ou **beaten,**	battre.
To **cast,**	(*câst*),	**I cast,**	**cast,**	jeter.
To **cost,**	(*cost*),	**I cost,**	**cost,**	coûter.
To **cut,**	(*keut*),	**I cut,**	**cut,**	couper.
To **hit,**	(*hit*),	I **hit,**	**hit,**	frapper,
To **hurt,**	(*heurt*),	**I hurt,**	**hurt,**	blesser.
To *k***nit,**	(*nit*),	**I** *k***nit,**	*k***nit,**	tricoter,
To **let,**		**I let,**	**let,**	laisser, permettre.

VINGT-DEUXIÈME VERSION. — TWENTY SECOND TRANSLATION

Will you come with me to the town? — Where do you live? — I live in Oxford street. — He lived in a spacious (*spé-cheuss*, spacieuse, vaste) house in Golden square. — London, the capital of Great Britain (1), is one of the most ancient, perhaps the most ancient, of our cities. — It is situated about sixty miles from the sea (*si*, la mer), on the river Thames, which divides it into two unequal (*euni-couol*, inégales) halves. The northern half contains the houses of Parliament, the palaces, parks, principal docks, and public and private buildings. The southern consists principally of manufactories, warehouses, shops and private houses. The banks of the river on either side are lined (bordés) with wharfs and docks from Blackwall (2) to the City (3), and thence to Westminster. The river is crossed by several bridges, which unite the northern and southern sides into one great city or rather collection of cities.

In England the houses of public entertainment are the hotel, inn, tavern and alehouse. — A hotel receives guests only to lodge; a tavern receives them only to feed. — I put up (je suis descendu) at the sign of the Bull. — Let us take an omnibus to go to our club. — Call that cabman, will you? — Will you take a stroll through the town? — We shall visit the Tower of London. — They repaired to the church. — They will arrive at Dover (Douvres) to-night. — The water beats against the bridge. — He cast his eyes upon me. — How much did that book cost you? — It cost me ten shillings (*1 shilling = 1 fr. 25*). — He hit her in the face. — He has hurt himself in the leg.

VINGT-DEUXIÈME THÈME. — TWENTY SECOND EXERCISE

Traversons la rue ici. — Il y a un très beau square devant l'église. — Le cimetière est derrière l'église. — Où est l'Hôtel de ville? — Près du pont, à l'extrémité (*at the end*) de cette longue rue. — La plus grande

(1) La Grande-Bretagne. La Bretagne de France se dit *Brittany*.
(2) Quartier à l'est de Londres.
(3) La Cité, la partie commerçante et industrielle, où se trouve la Douane, la Banque, la Bourse, etc. Ce quartier possède sa constitution, avec une administration particulière, à la tête de laquelle est placé le lord-maire.

bibliothèque de Londres est au British Museum. — Voulez-vous venir au concert ce soir? — Non, je dois aller au théâtre. — (De) nombreux omnibus traversent Londres dans toutes (les) *directions*. — Un des meilleurs moyens (*ways*) de voir les rues de Londres est de monter sur l'impériale (*the roof*) d'un omnibus. — Ce jeune homme est au lit; il est malade (*ill*). — Elle prévoyait les moindres orages. — Vous ne devez jamais faire ce que votre *conscience* défend. — Nous avons dans notre ville plusieurs excellents hôtels. — Les docks de Londres peuvent recevoir plusieurs milliers de vaisseaux. — Le port de Londres (*the port of London* s'étend (*extends*) du pont de Londres (*London-Bridge*) jusqu'à Deptford, sur une *distance* de quatre milles. — Nous ne devons pas quitter (*to leave*) Londres sans visiter les docks. — L'agent de police se promène dans la rue. — Il arrêtera le voleur (*the thief*). — Ce pardessus m'a coûté cent francs (*a hundred francs* ou *four pounds*). — Le pompier était blessé.

TRADUCTION ALTERNATIVE

THE FOX AND THE STORK (*continued*)

A few days afterwards the stork returned the compliment by asking the fox to dinner.

Reynard (1) *hastened to the place of meeting, where the stork had made ready her meal. Great was the disgust of the fox to behold the food served up in a long-necked jar, which let in the stork's slender bill, but into which he could not thrust even his pointed nose.*

« I hope, sir, that you like your feast? », said the stork, who was not gen'erous enough to return good for e'vil, and who wished to give Reynard a lesson. And as the

Quelques jours après la cigogne rendit la politesse en invitant le renard à dîner.

Maître Renard se rendit en hâte à l'endroit du rendez-vous, où la cigogne (avait fait prêt) avait préparé son repas. Grand fut (le dégoût) le mécontentement du renard (de voir) en voyant la nourriture servie dans une jarre à long col, qui laissait entrer le bec mince de la cigogne, mais dans lequel il ne put pas fourrer même son nez pointu.

« (J'espère) j'aime à croire, monsieur, que vous aimez votre festin? » dit la cigogne, qui n'était pas assez généreuse pour rendre le bien pour le mal, et qui désirait

(1) Nom donné au renard dans les fables.

hun'gry fox looked sad'ly up into her fa'ce, she added : « Those who can'not ta'ke a jo'ke in good part should nev'er ma'ke one. Never do to others what you would not li'ke them to do to yourself. »

donner une leçon à maître Renard. Et, comme le renard affamé la regardait tristement en face, elle ajouta : « Ceux qui ne peuvent pas prendre une plaisanterie en bonne part ne devraient jamais en faire une. Ne faites jamais aux autres ce que vous ne voudriez pas qu'ils vous fissent à vous-mêmes. »

EXPRESSIONS COMMERCIALES

Bro'ker	(*brò-keur*),	courtier.
Sworn broker	(*souórn*),	courtier assermenté.
Bro'kerage	(*brò-keredge*),	courtage.
Com**mis**'sion	(*comich'eun*),	— commission.
Secu'rity	(*sikiou'riti*),	garantie, couverture.
Guaranty	(*gar'anti*),	garantie, caution.
Guaran**tee'**	(*garanti'*),	— —
Un**cov'**ered **bal'**ance		découvert.
Over**drawn**	(*ò-veurdraùn*),	à découvert, dépasser le montant de son crédit.
To be in advance		être à découvert, id.
To **cov'**er	(*keuv'eur*),	couvrir.
To **war**rant	(*ouor'ante*),	garantir.
A **war**rant		garantie, récépissé délivré à celui qui dépose des marchandises dans un dock.
To tra'de on commission,		faire la commission.
To charge a commission,		prendre un droit de commission.

EXERCICE

The brokerage on sales and purchases is 1 per cent. — We beg to inform you that your account is overdrawn. — We have this day taken the liberty of valuing on you (*tirer sur vous*) at thirty days' date, in favour of M. Tom Brown, ship-broker (courtier maritime) at Liverpool.

CONVERSATION

OLD POZ (*continued*, n° 7)

Enter William

Just. *William, oh! ay, hey! What an'swer, pray, did you bring from the Sar'acen's Head? Did you see Mrs Bustle herself, as I bid you?*

Will. *Yes, sir, I saw the land'-lady herself; she said she would come up' immediately, sir.*

Just. *Ah, that's well, immediately?*

Will. *Yes, sir, and I hear her voice below now.*

Just. *Oh! show her up, show Mrs Bustle in* (1).

William entre

Le Juge. William, oh! aïe! hé! Quelle réponse, (je vous) prie, avez-vous rapportée de la Tête de Sarrasin? Avez-vous vu Mme Bustle elle-même, comme je vous l'ai commandé?

William. Oui, monsieur, j'ai vu l'hôtesse elle-même; elle a dit qu'elle allait venir immédiatement, monsieur.

Le Juge. Ah! c'est bien, immédiatement?

William. Oui, monsieur, et j'entends sa voix en bas maintenant.

Le Juge. Oh! faites-là monter, faites entrer Mme Bustle.

Vingt-troisième Leçon. — Twenty-third Lesson

PRONONCIATION

105 *Consonnes redoublées*

1° Une consonne double se prononce comme simple et la voyelle qui précède est toujours très brève. Ex. :

Dinner	(*din'eur*),	ne prononcez qu'une *n*.
Better	(*bet'eur*),	» » un *t*.
Butter	(*beut'eur*),	» » »
Stopper	(*stop'eur*),	
Shutter	(*cheut'eur*),	

(1) *To show up*, littéralement, montrer en haut, c'est-à-dire faire monter (quelqu'un). *To show in*, littéralement montrer dans (la chambre), c'est-à-dire faire entrer.

2° *Exceptions.* — Dans les mots composés et dérivés où les deux consonnes appartiennent à deux mots différents ou à deux parties distinctes du même mot, elles se prononcent séparément.

Head-dress	(*hed'dress*),	coiffure.
Unnecessary	(*eun'necessari*),	non nécessaire.
Pen-*k*nife	(*pen'naïfe*),	canif.
Book-case	(*bouk'kéce*),	bibliothèque.

106 PRÉFIXES SAXONS (suite)

Out signifie *au delà* et indique qu'une chose en dépasse ou en surpasse une autre, en bonne, comme en mauvaise part.

To **outdo**	(faire au delà),	surpasser.
To **outrun**	(courir au delà),	dépasser (en courant).

Quelquefois aussi ce préfixe signifie *hors* :

Outcast,	rejeté, chassé (hors de la société).
Outlaw,	mis hors la loi, proscrit.

Up, signifie *en haut.*

To **uphold,**	tenir en haut, soutenir.
To **upraise,**	lever en haut, exalter.

Under signifie *sous* :

To **undergo**	(aller sous), subir (latin *sub-ire*).
To **underline,**	souligner.
To **undersell,**	vendre à un prix inférieur.

With, employé comme préfixe, signifie *contre* :

To **withstand,**	résister (se tenir contre).
To **withhold,**	retenir.
To **withdraw,**	retirer.

Un, préfixe privatif ou négatif :

Unjust,	injuste.
Unripe,	non mûr.

Unkind, non bienveillant.
Unhappy, malheureux.
To **untie**, délier (**to tie**, lier).

En (français), transforme en verbes des noms et des adjectifs :

Able, capable; **to enable**, rendre capable.
Throne, trône; **to enthrone**, introniser.

Dis, préfixe négatif, comme en français *dé* ou *dés* :

Disagreeable, désagréable.
To **Discover**, découvrir.

Mis, préfixe qui s'emploie en mauvaise part et qui signifie *mal*, *mauvais*, comme en français *més* ou *mé* devant une consonne :

To misuse, mésuser.
To mistake, méprendre.
To **mislead** (mener mal), induire en erreur.

107 MOTS USUELS

The **country**	(*keuntri*),	la campagne.
A **field**	(*filde*),	un champ.
Fur'row	(*feur'o*),	sillon, rigole.
Ground	(*gra'ound*),	terrain.
Soil	(*soï'-le*),	sol.
Corn	(*corne*),	blé, grain, céréales.
Cornfield	(*co... fild*),	champ de blé.
Harvest	(*hâr'vest*),	moisson.
Crop	(*crop'*),	récolte,
Wheat	(*houi'-te*),	froment, blé.
Sheaf, pl. **sheaves**	(*chi'fe*),	gerbe.
A **meadow**	(*med'ô*),	prairie.
Grass	(*grâsse*),	herbe.
Hay	(*hé*),	foin.
Haystack	(*hé-stack*),	meule de foin.
Vi'ne	(*vaï-ne*),	vigne.
Vine'yard	(*vin'yarde*),	vignoble.
Orchard	(*ôr-tcheurd*),	verger.
Tree	(*Tri*),	arbre.

Fruit-tree	*(frout-tri)*,	arbre fruitier.
For'est	*(for'est)*,	forêt.
Wood	*(ououd)*,	bois.
Bush, bushes	*(bouche)*,	buisson.
Road	*(rô-de)*,	route.
Way	*(oué)*,	chemin.
Path, foot-path	*(path)*,	sentier.
Hedge	*(hedge)*,	haie.
Fence	*(fen'ce)*,	clôture.
Sti'le	*(staï-le)*,	barrière.
Ditch, ditches	*(ditche)*,	fossé.
Vil'lage	*(vil'édge)*,	village.
Ham'let	*(hamlet)*,	hameau.
Farm	*(fârme)*,	ferme.
Farm-yard	*(fârm'yarde)*,	cour de ferme.
Barn	*(bârne)*,	grange.
Sta'ble	*(stée'b'l)*,	écurie, étable.
Cot'tage	*(cot'édge)*,	chaumière.
Country-seat	*(keun'tri-site)*,	maison de campagne, château.
Cas/le	*(câs's'l)*,	château, château fort.
A hill	*(hille)*,	colline.
Mill	*(mille)*,	moulin.
Riv'er	*(riv'eur)*,	rivière, fleuve.
Brook	*(brouk)*,	ruisseau.
La'ke	*(lée'ke)*,	lac.
Pond	*(ponn'de)*,	étang, mare.
Fountain	*(faoun'ten)*,	fontaine.
Spring	*(sprigne)*,	source.
Well	*(ouell')*	puits.
A **peasant**	*(pez'ante)*,	paysan.
A **countryman**	*(keuntriman)*,	campagnard.
A **farmer**	*(fâr-meur)*,	fermier.
A **villager**	*(vill'edjeur)*,	villageois.

VERBES IRRÉGULIERS (suite)

1re classe. — Ceux qui ont les trois temps semblables :

To **put**	*(pout)*,	I **put**,	**put**,	mettre.
To **read**	*(ride)*,	I **read** *(red)*,	**read** *(red)*,	lire.
To **rid**	*(rid)*,	I **rid**,	**rid**,	débarrasser.
To **set**,		I **set**,	**set**,	poser.

To **shed**	(*ched*),	I **shed**,	**shed**,	verser, répandre.
To **shred**,		I **shred**,	**shred**,	hacher.
To **shut**	(*cheut*),	I **shut**,	**shut**,	fermer.
To **slit**,		I **slit**,	**slit**,	fendre.
To **spit**,		I **spit**,	**spit**,	cracher.
To **split**,		I **split**,	**split**,	fendre.
To **spread**	(*spred*),	I **spread**,	**spread**,	étendre.
To **sweat**	(*souett*),	I **sweat**	**sweat**,	suer.
To **thrust**	(*threust*)	I **thrust**,	**thrust**,	pousser, fourrer.

VINGT-TROISIÈME VERSION. — TWENTY-THIRD TRANSLATION

Will you come with us into the country? — When? — Next week. — Have you shut the door of the mill? — We have a well in our garden and a brook crosses our orchard. — There is a lake in the middle of the forest and a pond in our meadow. — Let us cross this field to go to that farm. — That farmer has a large field of corn by the side of the road. — Get over the stile. — As we lived near the road we often had the traveller (le voyageur) or stranger (l'étranger) visit us to taste (goûter) our wine.— The place of our retreat (retraite) was in a little neighbourhood (voisinage) consisting of farmers, who seldom visited towns or cities. — That countryman has received a letter which he cannot read. — Read it to him, please. — There is no tree about that farm. — The door of the barn is shut. — The trees spread their branches all over the farm-yard. — Set down that sheaf in the furrow. — I got rid of what I had in my hand.

TRADUCTION ALTERNATIVE

Dr PRIMROSE 'S HABITATION

Our little habitation was situated at the foot of a slo'ping hill, sheltered with a beautiful underwood behind, and a prattling river before; on one side a meadow, on the other a green. My farm consisted of about twenty acres of excellent land. Nothing could ex-

L'HABITATION

DU DOCTEUR PRIMROSE

Notre petite habitation était située au pied d'une colline en pente, abritée par un beau taillis derrière et une rivière babillarde devant ; d'un côté une prairie, de l'autre une pelouse. Ma ferme se composait d'environ vingt acres (arpents) d'excel-

ceed the neatness of my little enclosures; the elms and hedge-rows appearing with inexpressible beauty. My house consisted of but one story, and was covered with thatch, which gave it an air of great snugness; the walls, on the inside, were nicely whitewashed; and my daughters undertook to adorn them with pictures of their own designing Though the same room served us for parlour and kitchen, that only made it the warmer. Besides, as it was kept with the utmost neatness, the dishes, plates and coppers being well scoured, and all disposed in bright rows on the shelves, the eye was agreeably relieved, and did not want richer furniture. There were three other apartments; one for my wife and me, another for our two daughters and the third, with two beds, for the rest of the children.

(Vicar of Wakefield),

Goldsmith.

lente terre. Rien ne pouvait surpasser la propreté de mon petit enclos; les ormeaux et les haies apparaissant avec une beauté inexprimable. Ma maison ne se composait que d'un seul étage, et était couverte de chaume, ce qui lui donnait un air de grand confortable; les murs, à l'intérieur, étaient proprement blanchis à la chaux, et mes filles entreprirent de les orner de tableaux de leur propre dessin. Quoique la même chambre nous servît de salle de réception et de cuisine, cela ne faisait que la rendre plus chaude. D'ailleurs, comme elle était entretenue dans la plus grande propreté, les plats, les assiettes, les cuivres étant bien nettoyés et tous disposés en brillantes rangées sur les tablettes, l'œil était agréablement reposé, et ne demandait pas un ameublement plus riche. Il y avait trois autres appartements : l'un pour ma femme et (pour) moi, un autre pour nos deux filles, et le troisième, avec deux lits, pour le reste des enfants.

(*Vicaire de Wakefield*),

Goldsmith.

VINGT-TROISIÈME THÈME. — TWENTY-THIRD EXERCISE

Où avez-vous mis le blé? — Dans la grange. — Il ne peut pas lire ce livre sans répandre des larmes [to shed tears]. — Un mal [a disease] qui répand [to spread] (la) terreur [terror]. — Il a fendu [to split] cet arbre. — Il fourre ses mains dans ses poches. — Ce fermier a beaucoup de gerbes dans sa cour. — Le blé est excellent cette année. — Il sera très cher. — Nous aurons une belle moisson. — Nous avons une prairie derrière notre château et une pelouse devant. — Notre verger est plein de beaux arbres fruitiers. — Traversons la prairie pour aller à cette chaumière, qui est située près de la forêt. — Je ne vois aucun sentier. — Prenons le chemin au pied de la colline. — Il y a un fossé sur le bord de la route. — Cette ferme est couverte de chaume. — A l'intérieur, les murs sont ornés de peintures. — La cuisine est très propre; les plats et les assiettes sont très bien nettoyés. — Cette maison n'a qu'un étage; il y a plusieurs chambres avec un mobilier plus riche que le nôtre. — Je vous débarrasserai de votre pardessus.

EXPRESSIONS COMMERCIALES

London, May 17, 1891.

Mr Polson,
Sheffield.

Dear sir,

Your favour of the 15th inst. to hand. We have received the invoice of which you speak, but we have not received the patterns you sent us last week. We shall write you immediately after their arrival. Our traveller will shortly have the pleasure of waiting upon you. You may draw upon us as usual.

We beg to remain, dear sir, yours truly.

ROBINSON.

Londres, 17 mai 1891.

Monsieur Polson,
Sheffield.

Cher monsieur,

Nous avons reçu (en main) votre lettre du 15 courant. Nous avons reçu la facture dont vous parlez, mais nous n'avons pas reçu les échantillons que vous nous avez envoyés la semaine dernière. Nous vous écrirons immédiatement après leur arrivée. Notre voyageur aura bientôt le plaisir de passer chez vous. Vous pouvez tirer sur nous comme d'habitude.

Nous demandons de rester, cher monsieur, à vous fidèlement.

ROBINSON.

CONVERSATION

OLD POZ (*continued*) suite n° 8

(Enter Mrs Bustle, the landla'dy of the Sar'acen's Head.

Landla'dy. *Good morrow to your Worship!* (1) *I'm glad to see*

(*Entre Mme Bustle, l'hôtesse de la Tête de Sarrasin*).

L'hôtesse. (Je souhaite) le bonjour à votre Honneur! Je suis heu-

(1) *Worship* (abréviation de *Worthyship*), votre Honneur, titre donné aux magistrats.

your Worship look so pu'rely. I came up with all speed (ta'king breath). *Our pie is in the ov'en: that was what you sent for me about, I take it.*

Justice. *True, true, sit down, good Mrs Bustle, pray.*

Landla'dy. *Oh! your Worship's always very good* (settling her a'pron). *I came up just as I was, only threw my shawl over me. I thought your Worship would ex-cu'se... I'm quite, as it were, re-joi'ced to see your Worship look so pu'rely, and to find you up so hearty.*

reuse de voir votre Honneur paraître en si bonne santé. Je suis venue en toute hâte (*reprenant haleine*). Notre pâté est au four: c'est pour cela que vous avez envoyé me chercher, je suppose.

Le Juge. (C'est) vrai, (c'est) vrai. Asseyez-vous, (ma) bonne madame Bustle, je vous prie.

L'hôtesse. Oh! votre Honneur est toujours très bonne (*arrangeant son tablier*). Je suis venue juste telle que j'étais, et n'ai fait que jeter mon châle sur moi. J'ai pensé que votre Honneur excuserait... Je suis, comme qui dirait, ravie de voir votre Honneur avec un teint si pur, et de vous trouver debout si gaillard.

Vingt-quatrième Leçon. — Twenty-fourth Lesson

De l'accent

(Voir no 4, pages 7 et suiv.)

L'accent ou *accent tonique* est la force particulière avec laquelle on prononce une syllabe d'un mot au détriment des autres. Prononcez les mots suivants en appuyant fortement sur la syllabe accentuée.

Pen'cil, **Pa**'per, **Mas**'ter, **La**'zy,
To en**joy**', **Com**'pany, **Com**'fort,
Yes'terday, **Pres**'ently, **Sel**'dom,
Nev'er, A**gain**', **La**'tely, etc.

Nota. — L'accent tonique n'est indiqué en anglais par aucun signe spécial, ni dans l'écriture, ni dans l'imprimerie. Si dans nos exercices de prononciation nous faisons suivre la syllabe accentuée d'un accent aigu, ce n'est que pour permettre à l'élève de la mieux distinguer. Lorsque l'accent ' est placé après la voyelle, cela veut dire que la voyelle est accentuée et a, en même temps, le son long de l'alphabet.

Ex. : **pa'**per (*pée-peur*), **li'**fe (*laï'fe*).

Si, au contraire, l'apostrophe est placée après la consonne, la syllabe est accentuée, mais *brève :*

Pen'cil, to **liv'**e, to **giv'**e, **but'**ter, etc.

(*Consulter à ce sujet le tableau, page 13*).

EXERCICE

Ba'by,	page 120	**Map'**,	page 127	**Advi'**ce,	page 145
A'ged,	—	**Dus'**ter,	—	**No'**tice,	—
Ri'pe,	—	**Pub'**lic,	—	**Decli'**ne,	—
Li'brary,	page 174	**Si'**gn,	page 174	**Sta'**tion,	page 175
Pal'ace,	—	**Ho'**tel,	—	**Riv'**er,	—
The'atre,	—	**Dock'**,	—	**Brid'**ge,	—
Fi'reman,	—	**Pris'**on,	—	**Club'**,	—

109 DE LA FORMATION DES MOTS

Des suffixes

Nous avons étudié, dans les leçons précédentes, la formation des mots au moyen des *préfixes* (voir pages 172 et suiv.)

Un très grand nombre de mots sont encore dérivés des racines primitives à l'aide de divers *suffixes* (1).

SUFFIXES SAXONS

1° *Formation des substantifs*

1° **Dom**, ce suffixe marque :

1° La souveraineté, la domination, la propriété, la juridiction ou plutôt le territoire de la juridiction.

King,	roi.	**Kingdom**,	royaume.
Earl,	comte.	**Earldom**,	comté.

(1) Voir notre *Petite Méthode pratique de Langue anglaise*, 1 fr. 25.

2° L'état, la condition.

Free,	libre.	**Freedom,**	liberté.
Wi'se,	sage.	**Wis'dom,**	sagesse.

Il y a environ une quinzaine de noms ainsi formés.

2° **Er, Or** indiquent l'agent, celui qui fait l'action marquée par le verbe de même origine; ces deux suffixes correspondent aux terminaisons françaises **er, ier, eur.**

To speak,	parler.	**Speaker,**	orateur.
To **vis'it,**	visiter.	**Vis'itor,**	visiteur.
Mi'ne,	mine.	**Mi'ner,**	mineur.
To **ba'ke,**	cuir au four.	**Ba'ker,**	boulanger.
To **sing,**	chanter.	**Singer,**	chanteur.

3° **Head** et **Hood** marquent une manière d'être, un état, une condition; ont souvent un sens collectif.

Priest,	prêtre.	**Priesthood,**	prêtrise.
Nei*gh***bour,**	voisin.	**Nei***gh***bourhood,**	voisinage.
Brother,	frère.	**Brotherhood,**	confrérie.
God,	Dieu.	**Godhead,**	divinité.

4° **Kin** sert à former des diminutifs.

Lam*b***,**	agneau.	**Lam***b***kin,**	agnelet.

5° **Ling** sert aussi à former des diminutifs.

Sap,	sève, aubier.	**Sapling,**	jeune arbre.
Chicken,	poulet.	**Chickling,**	petit poussin.
Duck,	canard.	**Duckling,**	caneton.

6° **Ock** forme également quelques diminutifs.

Hill,	colline.	**Hillock,**	petite colline.
Bull,	taureau.	**Bullock,**	jeune bœuf.

7° **Ness.** Ce suffixe s'ajoute à un très grand nombre d'adjectifs pour en faire des substantifs; il y en a plus de 1400. Il indique une idée abstraite, marque la qualité, la manière d'être.

Good,	bon.	**Goodness,**	bonté.
Sad,	triste.	**Sadness,**	tristesse.
Holy,	saint.	**Holiness,**	sainteté.
Happy,	heureux.	**Happiness,**	bonheur.

On voit que si l'adjectif se termine en y, cet *y* se change en *i*.

8° **Ship.** Ce suffixe indique la fonction, l'emploi, quelquefois la qualité.

Censor,	censeur.	**Censorship,**	censure.
Apprentice,	apprenti.	Apprenticeship,	apprentissage.
Friend,	ami.	**Friendship,**	amitié.
Lord,	seigneur.	**Lordship,**	seigneurie.

9° Les suffixes suivants, dérivés du latin ou du français, se rencontrent dans plus de 3,000 mots semblables ou à peu près semblables dans les deux langues.

...ade	54	substantifs.	**...ude**	50	substantifs.
...age	116	—	**...ment**	325	—
..al	200	—	**...ice**	90	—
...ance	200	—	**...ure**	184	—
...ence	220	—	**...ort**	184	—
...ant	97	—	**...ory** (français *oire*)	217	—
...ion ou **tion**	2,000	—			

Exemples de substantifs dérivés du français ou du latin et qui sont semblables ou à peu près semblables en français et en anglais :

Voyage,	**Balustrade,**	**Village,**	**Metal,**
Prudence,	**Fable,**	**Justice,**	**Nation,**
Orator,	**Clamour,**	**Glory,**	**Centre,**
Theatre,	**Gratitude,**	**Fortune,**	**Nature,**
Theory,	**Effort,**	**Testament,**	**Musician,** etc.

Plough	(*pla'ou*),	charrue.
Ploughman	(*pla'ouman*),	laboureur.
La'bourer	(*lée-beureur*),	journalier, homme de peine.
Dro'ver	(*drô-veur*),	bouvier,
Car'ter	(*câr-teur*),	charretier.
Rea'per	(*ri-peur*),	moissonneur.
Husbandman	(*heuss'bandman*),	cultivateur.
Land'lord	(*land'lord*),	propriétaire (foncier).
Mower	(*môeur*),	faucheur.
Wa'ges	(*oué'djiz*),	gages.

DOMESTIC ANIMALS

Hor'se	(*hôr-se*),	cheval.
Ma're	(*mère*),	jument.
Colt	(*côlte*),	poulain.
Po'ny	(*pô-né*),	poney.
Mu'le	(*miou'le*),	mulet.
Ass ou **don'key**	(*deun'ké*),	âne, baudet.
Cat'tle,	(*cat't'le*),	bétail.
Bull,	(*boull*),	taureau.
Ox, plur. **Oxen**	(*oks, oksen*),	bœuf.
Cow	(*ca'ou*),	vache.
Ca*l*f, pl. **Ca*l*ves**	(*kâf, kâvz*),	veau.
Lam*b*	(*lamm*),	agneau.
Sheep, sing. et plur.	(*shipe*),	mouton, moutons.
Ewe	(*iou*),	brebis.
Herd	(*heurd*),	troupeau (de gros bétail).
Flock	(*flok*),	troupeau (de petits animaux).
Goat	(*gô-te*),	chèvre.
Kid	(*kid*),	chevreau.
Pig; swine; hog	(*pig; souaïne*),	porc, cochon.
Rab'bit	(*rab'it*),	lapin.
Dog	(*dogue*),	chien.
Hound	(*ha'ound*),	chien de chasse.
Cat (féminin)	(*kat*),	chat.
Puss	(*pouce*),	minet, minette.
Kit'ten	(*kit'n*),	chaton.
Four-footed		quadrupède.
Horn; horned	(*hòrn*),	corne; à cornes.
To **nei*gh***	(*né*),	hennir.
To **low**; to **bellow**	(*lö*),	mugir, beugler.
To **bleat**	(*blite*),	bêler.
To **bray**	(*bré*),	braire.
To **grunt**	(*greunt*),	grogner.
To **bark**	(*bârke*),	aboyer.
To **mew**	(*miou*),	miauler.
To **tie up**	(*taïe eup*),	attacher.
To **untie**	(*euntaïe*),	détacher.

To **gra'ze**	*(gré-ze),*	paître.
To **feed**	*(fide),*	paître, faire paître.
To **kill**	*(kill),*	tuer.
To **car'ry**	*(car'é),*	porter, transporter.

VINGT-QUATRIÈME VERSION. — TWENTY-FOURTH TRANSLATION

Animal and their cries. — Les animaux et leurs cris

The dog barks. The hog grunts. The horse neighs. — The ass brays. — The kitten mews. — The bull bellows. — The cow lows. — The calf bleats. — The sheep bleats.

The mower is in the meadow with his scythe (faux). — The reapers are in the cornfield. — The ploughman comes down with his plough drawn (tirée) by two horses. — The lanlord visits his farms. — Good farmers deserve (méritent) good landlords. — That carter has three very good horses, four mules and two donkeys. — We have a flock of sheep and a herd of oxen. — The she-goat is with her kid in the stable. — We have many rabbits in the wood behind the barn. — Where is the cat? — She is in the barn with her kitten.

TRADUCTION ALTERNATIVE

THE ASS

The ass says: I am a quad'ruped; I am a pa'tient good creature. I have hoofs and very long ears; I bray very loud. The horse is frightened when I bray, and starts back; but I am very meek and never hurt any thing. My young ones are colts. I am not so big as a horse, and I cannot gallop so fast, but I work very hard. Sometimes I carry little boys on my back, two or three at a time, and they whip me, and prick my sides, to make me go faster. I

L'ANE

L'âne dit : Je suis un quadrupède; je suis une patiente et bonne créature. J'ai des sabots et de très longues oreilles. Je (brais) chante très fort. Le cheval est effrayé quand je (brais) chante et (tressaille en arrière) recule en tressaillant; mais je suis très doux et ne fait jamais de mal à rien. Mes petits sont des ânons. Je ne suis pas aussi gros qu'un cheval, et je ne peux pas galoper aussi vite; mais je travaille très dur. Quelquefois je porte des petits garçons sur mon dos, deux

carry greens to market, and turnips and pota'toes and I get nothing for my dinner but a few prickly thistles and some coarse grass from off the common, but I am very contented.

Mrs Barbauld.

ou trois à la fois, et ils me fouettent et me piquent les flancs pour me faire aller plus vite. Je transporte des légumes au marché et des navets et des pommes de terre et je n'obtiens rien pour mon dîner que quelques chardons piquants et un peu d'herbe grossière provenant du pré commun, mais je suis très content.

Madame Barbauld.

VINGT-QUATRIÈME THÈME. — TWENTY-FOURTH EXERCISE

L'âne est-il un quadrupède? — Comment sont les oreilles de l'âne? — L'âne est plus doux que le taureau. — Il portera ces deux petits garçons sur son dos. — Ne le fouettez pas, car il est très bon et très patient. — Il mange des chardons. — Le laboureur a deux chèvres et trois chevreaux dans son écurie. — Les moutons bêlent dans les champs. — Le faucheur vient à travers la prairie avec sa faux sur son épaule. — Il a travaillé très dur toute la journée. — Les vaches mugissent. — Elles appellent leurs petits. — Les chevaux hennissaient. — Le chat est dans la grange; il miaule et appelle ses chatons. — Le moissonneur est sur la route, à l'extrémité du village. — Les vaches paissent dans la prairie, le long de la rivière. — Attachez votre cheval à cet arbre. — Le cultivateur a tué un veau ce matin. — Les chiens de ce charretier aboient toute la nuit.

EXPRESSIONS COMMERCIALES

To **fail**	*(fé-le)*,	manquer; faire faillite.
Failure	*(fél'ieur)*,	faillite.
Bankruptcy	*(bank'reupté)*,	banqueroute.
Bankrupt		banqueroutier, failli.
To **become** bankrupt		faire faillite, banqueroute.
Solvency		solvabilité.
Solvability		—
Insolvent		insolvable.
Liquidation	*(likouideé-cheun)*,	liquidation.
To **liquidate**	*(lik'ouidete)*,	liquider.
selling off		liquidation.
To sell off		liquider.
To meet		faire face à.

EXERCICE

To fail is to become insolvent or bankrupt; to suspend payment. — Failure is the act which necessitates bankruptcy; bankruptcy is the result (résultat) of failure. — Failure is the suspension of paying debts; insolvency the inability (incapacité, impuissance) to pay them. — A bankrupt is a trader who fails, so as to be unable to pay his debts. — We are sorry to inform you that Mr Cox has just become bankrupt. — In consequence of the failure of Messrs Cox and Hall, we shall not be able to meet our engagements. — Can we safely do business with that firm? — Yes, it is considered to be a very respectable house.

CONVERSATION

OLD POZ (*continued* nº 9)

Justice. *Oh! I'm very hearty* (coughing) (1) *always hearty, and thankful for it. I ho'pe to see many Christmas doings yet, Mrs Bustle... And so our pie is in the ov'en, I think you say?*

Le Juge. Oh! je suis très gaillard (*il tousse*), toujours gaillard et reconnaissant de l'être (pour cela). J'espère voir encore beaucoup de fêtes de Noël, madame Bustle... Et ainsi notre pâté est au four? C'est, je crois, ce que vous dites.

Landlady. *In the ov'en, it is. I put it with my own hands, and if we have but good luck in the ba'king, it will be as pretty a goose-pie as ever your Worship set your eyes upon!*

L'hôtesse. Au four, il y est. Je l'y ai mis de mes propres mains, et si nous avons un peu de bonne chance à la cuisson, ce sera un aussi joli pâté d'oie que votre Seigneurie en a jamais eu sous les yeux.

Justice. *Will you take a glass of anything this morning, Mrs Bustle? I have some nice us'quebaugh* (2).

Le Juge. Voulez-vous prendre un verre de quelque chose, ce matin, madame Bustle? J'ai du bon usquebac.

(1) Prononcez *koffing*.
(2) Prononcez *euskouibâ*, eau-de-vie de grain dans laquelle on fait dissoudre du safran et quelques aromates.

Vingt-cinquième Leçon. — Twenty-fifth Lesson

111 *De l'accent* (suite)

Outre l'accent *tonique* ou *principal*, les mots de quatre, cinq ou six syllabes peuvent recevoir un autre accent qu'on appelle accent *secondaire*; mais ces deux accents doivent toujours être séparés au moins par une syllabe non accentuée.

Dans le mot *illustration*, par exemple, il y a deux syllabes accentuées :

Il'lus**tra**'tion (*il'leustré'-cheun*)

La syllabe **tra** porte l'accent principal; la syllabe **il** l'accent secondaire.

Dans nos exercices de prononciation, la syllabe portant l'accent *tonique principal*, sera toujours imprimée en caractères gras.

EXERCICE

Con**ver**'se,	Con'ver**sa**'tion,
U'niverse,	U'ni**vers**'al,
In**vi**'te,	In'vi**ta**'tion,
Suc**cess**',	Un'suc**cess**'ful,
Ac'cident,	Ac'ci**dent**'al,
Con**spi**'re,	Con'spi**ra**'tion,
Re**spect**',	Respect'a**bil**'ity,
Re**store**',	Res'to**ra**'tion.

112 GRAMMAIRE

Des suffixes. — Formation des adjectifs

1° **Ful**, suffixe qui vient de l'adjectif **full**, plein de, marque l'abondance, la plénitude.

Plusieurs centaines d'adjectifs sont ainsi formés.

Fruit (*frout*),	fruit.	**Fruitful**,	fertile (plein de fruit).
Fear,	crainte.	**Fearful**,	craintif.
Thought,	pensée.	**Thoughtful**,	pensif.
Truth,	vérité.	**Truthful**,	vrai, veridique.

2° **Less**, suffixe privatif, le contraire de **ful**, marque la privation ou la négation, l'absence d'une qualité.

Ce suffixe est le plus employé; il sert à former un nombre considérable d'adjectifs.

Fruit,	fruit.	**Fruitless**,	stérile (sans fruit).
Fear,	crainte.	**Fearless**,	intrépide (sans crainte).
Thought,	pensée.	**Thoughtless**,	étourdi, irréfléchi.
Truth,	vérité.	**Truthless**,	faux (sans vérité).
Mother,	mère.	**Motherless**,	orphelin (de mère).

3° **Ly** et **y**. Ces deux suffixes s'ajoutent à environ 500 substantifs pour en faire des adjectifs; ils signifient : qui appartient à, ou qui a quelque rapport ou ressemblance avec...

Earth,	terre.	**Earthly**,	terrestre.
Li'fe,	vie.	**Li'vely**,	vif, animé.
Blood (*bleud*),	sang.	**Bloody**,	sanglant.
Rain,	pluie.	**Rainy**,	pluvieux.
Dust,	poussière.	**Dusty**,	poussiéreux.

Ly est l'abréviation de **li'ke**, semblable à, comme.

4° **Li'ke**, marque la similitude. Ce suffixe sert à former un adjectif d'un substantif.

War (*ouor*),	guerre.	**War**like,	belliqueux.
Li'fe,	vie.	**Li'**felike,	semblable à la vie, vivant.
Mother,	mère.	**Mother**like,	maternel, de mère.

5° **Able, ive**, forment plus de 600 adjectifs, presque tous dérivés du français ou du latin. Ces deux suffixes marquent l'*aptitude* à exercer une qualité.

Il y a plus de 600 adjectifs terminés en **able**, qui sont semblables ou à peu près semblables dans les deux langues.

Ad'mirable,	**A'**miable,	**Com'**parable,
Pas'sable,	**Agree'**able,	**Remark'**able,
Detest'able,	**Desi'**rable,	**Excu'**sable.

Les adjectifs en **able** sont la plupart dérivés de verbes. On n'a donc qu'à supprimer ce suffixe pour avoir le verbe correspondant.

To **admi're**,	To **compare'**,	To **pass'**,
To **agree**,	To **remark'**,	To **detest'**.
To **desi're**,	To **excu'se**,	

Il en est de même des adjectifs terminés en **ive**, qui sont presque tous dérivés de verbes.

Ive correspond souvent à la terminaison française **if**.

Active,	actif.
Affirmative,	affirmatif.
Destructive,	destructif.
Fu'gitive,	fugitif.
Talkative,	bavard.

Dérivés des verbes **to act, to affirm, to talk.** — Les adjectifs comme *destructive, fugitive* qui n'ont pas de verbes exactement correspondant, se comprennent facilement, soit par leur ressemblance avec des adjectifs français, soit par leur étymologie latine.

Il y a près de 400 adjectifs terminés en **ive.**

113 MOTS USUELS

The **farm-yard**,		la cour de ferme.
Poul'try	(*pôl-tri*),	volaille.
Poul'try-yard,		basse-cour.
Fowl	(*fa'oul*),	oiseau, volatile.
Tur'key	(*teur'ké*),	dindon.
Goose, pl. **geese**	(*gou'ce, ghi-ce*),	oie, oies.
Gosling	(*goz'ling*),	oison.
Duck	(*deuk*),	canne.
Dra'ke	(*dré'ke*),	canard (le mâle).
Hen	(*henn'*),	poule.
Cock	(*cok*),	coq.
Chic'ken	(*tchic'k'n*),	poulet.
Pig'eon	(*pidj-inn*),	pigeon.
Dov'e	(*deuv'*),	colombe.
Pea'cock	(*pi-cok*),	paon.
Swan	(*souonn'*),	cygne.
Guinea-hen	(*ghin'thenn*),	pintade.

VERBES

To **quack**	(*couak*),	crier (comme un canard)
To **coo**	(*koue*),	roucouler.
To **crow, crew**	(*crô, crou*),	chanter (comme le coq).
To **sing, sang, sung,**		chanter (sens général).
To **chirp**	(*tcheurp*),	gazouiller, ramager.
To **warble**	(*ouor'b'l*),	gazouiller, chanter.
To **whistle**	(*houis's'l*),	siffler.
To **peck**	(*pek*),	becqueter, ramasser avec le bec.
To **hatch**	(*hatch*),	couver, éclore.
To **sit, sat**	(*sit, sat*),	couver (être posé sur).
To **lay, laid, laid**	(*lé, léd*),	pondre (poser, déposer).
To **roost**	(*roust*),	jucher, se jucher.
To **fly, flew, flown,**		voler, s'envoler.

VERBES IRRÉGULIERS

2e classe

Verbes dont le parfait et le participe passé sont semblables.

1re division

Verbes qui prennent *d* aux deux temps irréguliers. La syllabe longue de l'infinitif devient brève; ceux qui sont terminés en *y* changent l'*y* en *i*.

To **die,**	mourir.	I **died,**	**died.**
To **flee,**	s'enfuir.	I **fled,**	**fled.**
To **hear,**	entendre.	I **heard,**	**heard.**
To **lay,**	poser, pondre.	I **laid,**	**laid.**
To **pay,**	payer.	I **paid,**	**paid.**
To **say,**	dire.	I **said,**	**said.**
To **stay,**	rester.	I **staid,**	**staid.**

Ce dernier prend aussi la forme régulière **stayed.**

VINGT-CINQUIÈME VERSION. — TWENTY-FIFTH TRANSLATION

When one cock crows, all the other cocks crow. — The ducks and geese quack in the pond. — The hens lay eggs for our breakfast. — The cow gives us milk and butter. — The goat supplies us with (nous fournit) cheese. — Foxes eat chickens. — Man eats everything, corn and fruit, mutton, fish and eggs, milk and chickens. — The pigeon cooes. — The duck quacks. — The goose cackles (glousse). — We make cheese of milk. — We make butter of the cream. — The flesh of the calf is called veal. — The flesh of the ox is called beef; that of the sheep is called mutton. — The sly (rusé) fox will catch the hen. — The cock saw him. — The chickens were round the hen when the fox came. — They heard the cock crow. — The fox ran away. — The cat sits by the fire. — Each day I bring her a dish of milk. — Those boys make ducks and drakes (font des ricochets, imitent, en lançant des pierres à la surface de l'eau, le mouvement du canard qui nage).

Remarque. — Les animaux domestiques qui servent à la nourriture de l'homme sont désignés par un mot d'origine saxonne, quand ils sont vivants. Une fois tués pour la table, ils prennent un nom d'origine française.

Animal vivant *Nom anglo-saxon*	*Viande* (voir page 56) *Nom anglo-normand*	*Nom français*
Ox, **Steer** (jeune bœuf),	**Beef,**	*bœuf.*
Calf,	**Veal,**	*veau.*
Sheep,	**Mutton,**	*mouton.*
Hog, **Swine,** **Pig,**	**Pork,**	*porc.*
Deer, daim.	**Venison,**	*venaison.*

Walter Scott, dans le premier chapitre d'*Ivanhoe*, explique cette singularité de la façon suivante :

Gurth et Wamba, l'un porcher, l'autre bouffon, déplorent l'asservissement de la race saxonne après la conquête de l'Angleterre par les Normands, en 1066.

*Version extraite d'*Ivanhoe (Walter Scott) (1)

Why, how call you (2) these grunting brutes running about on their
166 190 courant 118

four legs? demanded Wamba.
39 83

— Swine, fool, swine, said the herd, every fool knows that.
12 118 79

— And swine is good Saxon; but how call you the sow when she is
truie

flayed and quartered, and hung up by the heels, like a traitor?
écorchée *mise en quartiers* *suspendue* 83 *comme* *traître*

— Pork, answered the swine-herd.
répondit

— Pork, I think, is good Norman-French; and so when the brute
6

lives and is in the charge of a Saxon slave, she goes by her Saxon name,
121 *esclave* 20

but becomes a Norman, and is called pork, when she is carried to the
168 191

castle hall to feast among the nobles. What dost thou think of this,
171 *faire festin* 118

friend Gurth, ha?
70

— It is but too true doctrine, friend Wamba.
143 70

— Nay, I can tell you more, said Wamba; there is old Alderman (3)
157

Ox continues to hold his Saxon epithet, while he is under the charge of
retenir

serfs and bondsmen such as thou, but becomes beef, a fiery French
esclaves *fougueux*

gallant, when he arrives before the worshipful jaws that are destined
brave *honorables* *mâchoires*

to consume him. Mynheer (4) Calf, too, becomes monsieur de Veau in
consommer

the like manner; he is Saxon when he requires tendance, and takes a
semblable *a besoin* *de soins*

Norman name when he becomes matter of enjoyment.
20 *matière de jouissance.*

WALTER SCOTT (*Ivanhoe, ch. I*er).

NOTA — On remarquera combien les mots que nous n'avons pas encore vus sont peu nombreux, et avec quelle facilité l'élève qui possède bien nos vingt-cinq premières leçons peut traduire un texte anglais.

(1) Les chiffres placés au-dessous des mots indiquent la page où l'élève pourra retrouver ceux qu'il aura oubliés. Quant aux mots très employés, comme *how*, comme *the*, *this*, *and*, etc., nous les avons vus tant de fois qu'il nous semble inutile de les rechercher.

(2) Pour *do you call?*

(3) *Alderman*, conseiller municipal, échevin. Wamba donne ce titre au bœuf pour indiquer que c'est un animal important.

(4) Mot hollandais : monsieur.

VINGT-CINQUIÈME THÈME. — TWENTY-FIFTH EXERCISE

Ces champs sont fertiles. — Cette campagne est stérile. — Cette petite fille était craintive. — Ce petit garçon est étourdi. — (La) volaille est très chère cette année. — Notre basse-cour est pleine de canards, de dindons et de poulets. — Les poules pondent leurs œufs dans notre grange. — Notre coq chante tous les matins à 4 heures. — Les pigeons roucoulent. — Les poules juchent dans l'écurie. — Les colombes volent au-dessus des arbres du jardin. — Où est votre poule noire? — Elle est dans l'étable; elle couve. — Le paon ne peut pas voler bien [très] haut. — Notre joli cygne blanc est mort [mourut] la semaine dernière. — Entendez-vous les oies dans le champ derrière la ferme? — Combien avez-vous payé [pour] ces deux poulets? — Quatre schellings. — Restons là; il fait très chaud; nous déjeunerons sous les arbres, dans le bois. — Ce garçon fait des ricochets sur la rivière. — Voulez-vous acheter ce veau? — Non, je crois qu'il est trop jeune; il n'est pas encore bon à manger. — Cette côtelette de veau n'est pas bonne. — Avez-vous visité la grande salle [*hall*] du château? — Oui, elle est très belle. — Que pensez-vous de mon ami? — C'est [il est] un excellent jeune homme. — Le fermier a une truie; il la vendra au charcutier [*pork-butcher*]. — Le charcutier la mettra en quartiers et la vendra à ses pratiques [*customers*].

EXPRESSIONS COMMERCIALES

Order,	ordre.
To order, to the order of...	à l'ordre de...
Payable to the order...	payable à l'ordre...
Pay to the order of ourselves,	payez à notre ordre.
Bill payable to order,	billet à ordre.
An order for 100 pounds,	un mandat de 100 livres.
Make a bill to my order,	faites un billet à mon ordre.
Make a bill to Cox's order,	faites un billet à l'ordre de Cox.
By order and on account of,	d'ordre et pour le compte de...

The bills are made payable to my order...
By the order of messrs Cox and Fix value received.

A THREE MONTHS' BILL. — *Effet à trois mois*

TIMBRE

£ 200. London, 1rst july 1891.

Three months after date pay to our order the sum of Two hundred pounds sterling for value received.

BROWN AND COLLINS.

To messrs Martins and C°,
20, Queen street,
Glascow.

CONVERSATION

OLD POZ (*continued*, n° 10)

Landlady. *Oh! no, your Worship. I thank your Worship, though, as much as if I took it; but I just took my lun'cheon before I came up, or more prop'er, my sandwich, I should say for the fash'ion's sake to be sure. A luncheon won't go down with nobody now-a-days* (laughs). *I expect hostler and boots will be calling for their sandwiches just now* (laughs again). *I'm sure I beg your Worship's pardon for mentioning a luncheon.*

L'hôtesse. Oh! non, votre Honneur. Je remercie votre Honneur, cependant, autant que si je l'avais pris; mais je viens de prendre mon *luncheon* (collation) avant de monter, ou (pour parler) plus convenablement, ma *sandwich* (1), devrais-je dire, par égard pour la mode, certainement. Un *luncheon*, ce mot n'a plus cours, chez personne, au jour d'aujourd'hui (*elle rit*). Je m'attends à voir le palefrenier et le cireur de bottes venir tout à l'heure demander leurs sandwichs (*elle rit de nouveau*). Assurément je demande pardon à votre Honneur d'avoir parlé de *luncheon*.

(1) A la fin du siècle dernier le mot *sandwich* était alors nouveau; on essayait de le substituer au mot *luncheon* dans les cercles à la mode. Ce mot venait d'un joueur célèbre, le comte de Sandwich, qui, pour ne pas interrompre ses parties, se faisait apporter à la table du jeu des tranches de viande ou de jambon entre deux tranches de pain.

Justice. *Oh! Mrs Bustle, the word is a good word, for it means a good thing, ha! ha! ha!* (pulls out his watch). *But, pray, is it luncheon-time? Why, it's past one, I decla're, and I thought I was up' in remark'ably good time, too.*

Le Juge. Oh! madame Bustle, le mot est bon, car il désigne une bonne chose, ha! ha! ha! (*il tire sa montre*). Mais, je vous prie, est-ce l'heure du luncheon? Mais! il est une heure passée et, je le déclare, je croyais m'être levé remarquablement de bonne heure, aussi.

Vingt-sixième Leçon. — Twenty-sixth Lesson

114 *De l'accent* (suite)

MONOSYLLABES

RÈGLE. — *Les monosyllabes sont, en principe, considérés comme portant l'accent tonique.*

Exemples : **Bread'**; **my'**; **in'**; **up'**; **wi'ne**; **me**; **giv'e**; **school'**; **great'**; **big'**; **sun'**; **boy'**; etc.

Toutefois, lorsque plusieurs monosyllabes se suivent dans la même phrase, il ne faut pas les accentuer tous indistinctement, parce qu'ils n'ont pas tous la même importance. Les substantifs, les verbes, les adjectifs ont généralement plus d'importance que les prépositions ou les conjonctions. Il faut tenir compte du sens d'abord et ensuite de l'harmonie de la phrase. Dans la phrase suivante, par exemple :

Give me some **bread**, donnez-moi du pain, il n'y a que deux mots importants : **give** et **bread**, il faut donc les prononcer avec une intonation un peu plus forte que *me* et *some*.

Cependant il peut arriver qu'un mot ordinairement sans importance reçoive l'accent, lorsqu'on veut attirer l'attention sur ce mot-là. Exemple :

Give **me** *some bread*, voudrait dire, en appuyant sur me, donnez-moi (*à moi* et pas à un autre) un peu de pain.

Il arrive parfois également qu'en poésie, certains mots peu importants sont accentués quand la mesure du vers l'exige. Lisez en appuyant bien sur les syllabes qui portent l'accent :

A HOLIDAY

Put by' your **books'** and **sla'tes to-day',**
This **is'** the **sun'**ny **first** of **Ju'**ne:
And **we** will **go** this **af'ternoon**
O'ver the **hills'** and **far'** a**way'.**

UN JOUR DE CONGÉ

Mettez de côté vos livres et vos ardoises aujourd'hui,
C'est le premier (jour) de juin ensoleillé,
Et nous irons cette après-midi
Sur les collines et bien loin.

115 *De la formation des mots*

MOTS COMPOSÉS

Nous avons étudié, dans les quatre leçons qui précèdent, la formation les mots à l'aide des *préfixes* et des *suffixes*. Ce sont les mots *dérivés*.

Il nous reste à parler des mots *composés*.

On appelle mot *composé* un mot formé de deux ou plusieurs mots *simples*, ayant chacun un sens distinct et indépendant, comme **bed**, lit, et **room**, chambre, qui forment le composé **bedroom** (chambre à lit), c'est-à-dire chambre à coucher,

RÈGLE GÉNÉRALE. — *Le premier mot qualifie le second*. Exemple :

Des deux mots **finger**, doigt, et **ring**, anneau, on peut faire deux mots composés :

1° **Finger-ring**, anneau pour le doigt, bague.
2° **Ring-finger**, doigt pour l'anneau, doigt annulaire.
De même des deux mots **dog** et **house**, on fait :
1° **Dog-house** (maison à chien), chenil.
2° **House-dog** (chien de maison), chien de garde.

Quand on traduit en français un mot composé anglais, il faut donc commencer par le second, le premier n'étant qu'un qualificatif.

Parmi les mots composés, les uns s'écrivent en un seul mot, comme **bedroom**, d'autres sont réunis par un trait d'union (*hy'phen*), comme **finger-ring, house-dog**, etc.

Règle générale. — *Dans les mots composés* (sauf de rares exceptions), *c'est le premier qui porte l'accent*. Ex : **Bed'**room.

Parfois même le second mot perd sa prononciation primitive. Ainsi le mot **board**, planche, table, qui se prononce *bôr'de*, quand il est seul, prend le son affaibli de *beurd*, dans le composé **cup'**board (*ceub'beurd*), buffet, armoire (voir page 49). Le mot **mouth**, bouche, se prononce *ma'outh*, quand il est seul et accentué. On lui donne le son affaibli de *meuth* dans les composés suivants : **Plym'**outh, **Ports'**mouth, **Wey'**mouth (*plim'euth, ports'meuth, wé'meuth*), villes d'Angleterre (1).

Si vous écrivez et si vous accentuez séparément les deux mots **black bird'** (*beurd*), cela signifie oiseau noir quelconque, un corbeau, par exemple; mais si vous écrivez en un seul mot **black**bird, en accentuant seulement le premier, ce mot composé signifie *merle*.

Logiquement, les *composés* ont pour but de distinguer l'*espèce* du *genre*. Le second mot indique toujours le *genre* ou la *classe*, et le premier mot l'*espèce* ou la *qualité* qui distingue l'objet de la classe. Ainsi dans **house-dog**, le second mot, **dog**, indique le genre, la classe, le chien en général; le mot **house** le spécifie, le distingue des autres chiens. (Voir la suite des mots composés dans les leçons suivantes).

116 *Wild beasts* (ouaï'ld bîsts). — *Animaux sauvages*

Bear	(*bère*),	ours.
Boar, wild boar	(*bôre*),	verrat, sanglier.
Deer (sing. et plur.)	(*di-re*),	daim.
Doe	(*dô*),	daine.
Stag; **hind**	(*stag'; haïnd*),	cerf; biche.
Roe; roe-buck	(*rô; rô-beuk*),	chevreuil.
Wolf	(*ououlf*),	loup.
Fox	(*fox*),	renard.

(1) Le mot *mouth*, dans ces noms de villes, a le sens d'embouchure: embouchures de la Plym, de la Wey, du Port, comme on dit en français les *Bouches du Rhône*.

Squirrel	*(scouir'el)*,	écureuil.
Elephant	*(el'ifant)*,	éléphant.
Li'on; li'oness	*(laï-eun)*,	lion; lionne.
Ti'ger; ti'gress,	*(taï-gueur)*,	tigre; tigresse.
Monkey	*(meun'ké)*,	singe.
Leopard	*(lep'eurd)*,	léopard.
Cam'el	*(cam'el)*,	chameau.
Drom'edary	*(drom'idéré)*,	dromadaire.
Buf'falo; bi'son	*(bœuf'falo; baï's'n)*,	buffle; bison.
Rhi-noc'eros	*(raïnoss'eross)*,	rhinocéros.
Os'trich	*(os'tritch)*,	autruche.
Ga'me	*(ghè-me)*,	gibier.
Hare	*(hère)*,	lièvre.
Quick (adj.)	*(couik)*,	vite, rapide.
Sly'	*(slaï)*,	rusé.
To **roar**	*(rô-re)*,	rugir.
To **howl**	*(ha'oul)*,	hurler.
To **run, ran, run**	*(reun)*,	courir.
To **shoot, shot, shot**	*(chout)*,	tirer (une arme). tuer.
To **hunt**	*(heunt)*,	chasser à courre.
A **huntsman**	*(heunt'ceman)*,	chasseur (à courre)
A **sportsman**	*(sport'ceman)*,	chasseur à tir.
Game-Keeper	*(ghème-ki-peur)*,	garde chasse.
Poacher	*(pô-tcheur)*,	braconnier.
Gun	*(gheun')*,	fusil.
Small shot,		plomb.
Bullet	*(boul'lett)*,	balle.
Gunpowder	*(gheun-paouder)*,	poudre.

VERBES IRRÉGULIERS

2e classe, 2e division

Verbes qui changent le ***d*** final de l'infinitif en ***t***.

To **bend,**	I **bent,**	**bent,**	plier, courber.
To **build** *(bild)*,	I **built,**	**built,**	construire, bâtir.
To **gild** *(ghild)*,	I **gilt** ou gilded,	**gilt** ou gilded,	dorer.

To gird (*gheurd*),	**I girt** ou **girded**,	**girt** ou **girded**,	ceindre.
To lend,	**I lent**,	**lent**,	prêter.
To rend,	**I rent**,	**rent**,	déchirer.
To send,	**I sent**,	**sent**,	envoyer.
To spend,	**I spent**,	**spent**,	dépenser.

VINGT-SIXIÈME VERSION. — TWENTY-SIXTH TRANSLATION

Robinson and the wolves

It was about two hours before night, when our guide being something (*un peu*) before us, out (1) rushed three monstrous wolves, and after them a bear, out of a hollow way, adjoining to a thick wood; two of the wolves flew upon the guide, and had he been (2) half a mile before us, he had been devoured indeed, before we could have helped him. One of them fastened (*s'attacha*) upon his horse, and the other attacked the man with such violence, that he had not time to draw his pistol, but cried out to us most lustily (*de toutes ses forces*). Friday (3) ran up to him and with his pistol shot the wolf into the head. (Daniel Defoe, célèbre écrivain, auteur de *Robinson Crusoë*, 1661-1731).

The fox barks, the wolf howls and the lion roars. — The huntsmen have killed a fox and a wild boar. — The lion may justly be called the lord of the forest. -- Like the tiger he bounds (*bondit*) upon his prey from some place of concealment (*cachette*) and easily makes springs (*bonds*) of eighteen or twenty feet. — Like the tiger too he commonly chooses his lurking-place (*cachette, embuscade*) near a spring (*source*) or on the brink (*bord*) of a river, where he may have an opportunity of surprising such animals as (4) come to quench (*étancher*) their thirst

(1) ***Out rushed***, littéralement « au dehors se précipitèrent », le verbe et la préposition *out* sont ainsi placés avant le sujet pour donner plus de vivacité à la phrase.

(2) ***Had he been***, litt. « eût-il été, c'est-à-dire, s'il avait été, tournure fréquente en anglais.

(3) ***Friday***, Vendredi, nom du jeune sauvage à qui Robinson sauva la vie un vendredi et qui devint depuis son compagnon et son serviteur.

(4) ***Such animals as***, litt. « tels animaux comme (ceux qui), c'est-à-dire : tous les animaux qui... ***Such as***, tels qui, ceux qui..., expression très usitée.

(*soil*). — The hottest regions of Asia (1) and Africa seem to be the native soil of the lion, while the tiger is a native of India and the countries beyond the Ganges (2).

VINGT-SIXIÈME THÈME. — TWENTY-SIXTH EXERCISE

En Angleterre, beaucoup de parcs sont pleins de cerfs, de biches et de daims. — Il n'y a pas de gibier dans ce pays-là. — L'autruche vit en Afrique, dans le désert [*desert*]. — Le bison est appelé buffle en Amérique [*America*]; on le trouve [il est trouvé, *it is found*] sur le versant [*slope*] des Montagnes Rocheuses [*Rocky Mountains*]. — Allez m'acheter [allez et achetez-moi] du plomb et un peu de poudre. — Je prendrai mon fusil et j'irai dans la forêt pour tirer [*to shoot at*] un sanglier que j'ai vu hier. — Ce lièvre a été tiré par un braconnier et vendu à un chasseur. — Il m'a prêté son fusil. — Ce chasseur a construit une petite maison dans son parc pour les daims que son ami lui a envoyés la semaine dernière. — Ce vieillard n'était pas alors courbé vers la terre comme aujourd'hui [comme il est]. — Le soleil dorait les moissons. — Il marchait un peu devant eux. — Un ours se précipita sur le guide et le dévora. — Nous ne pûmes pas lui porter secours [*to help*]. — (Les) renards aboyent et (les) loups hurlent dans les bois. — Il a tué un lion dans les déserts de l'Arabie [*Arabia*]. — Le lion est le roi du désert. — Le tigre est originaire de [*is a native of*] l'Inde.

EXPRESSIONS COMMERCIALES

Remnant,	coupon (reste) d'étoffe.
Coupon; divident-warrant,	coupon (d'action, d'obligation).
Bond,	obligation (financière).
Share (*chère*),	action (part dans une entreprise).
A personal share,	action nominative.
Transferable share,	action au porteur.
Railway share,	action de chemins de fer.
To quote,	coter.
Quota'tion,	cote.
Ra'te, at the rate of,	taux, au cours de...

(1) *Asia*, prononcez *é-chia*.
(2) *Ganges*, le Gange, fleuve de l'Hindoustan, qui se jette dans le golfe du Bengale.

EXERCICE

Prices are the same as quoted in our last letter. — We can exchange that paper at the rate of... — We shall send you a few remnants of very fine silk at a very low price, we hope you will receive them in the course of next week in good condition. — A *coupon* is so called from the French word *coupon*, because it is cut off when presented for payment.

CONVERSATION

OLD POZ (*continued* no 11)

Landlady. *Well, and to be sure, so it was remark'ably good ti'me for your Worship; but folks in our way must be up bett'mes, you know. I've been up and about these seven hours.*

L'hôtesse. Bien, et assurément, c'était remarquablement de bonne heure pour votre Honneur; mais les gens de notre condition doivent être debout de bon matin, vous savez. Voilà sept heures que je suis levée et je circule çà et là.

Justice (stretching). *Seven hours!*

Le Juge, s'étirant. Sept heures!

Landlady. *Ay, indeed, eight I might say, for I am an early little bod'y, though I say it that should not say it; I am an early little bod'y.*

L'hôtesse. Oui, vraiment! je pourrais même dire huit heures! car je suis une petite personne matineuse, bien que ce soit moi qui le dise; je ne devrais pas; je suis une petite personne matineuse.

Justice. *An early little body, as you say, Mrs Bustle; so I shall have my goose-pi'e for dinner, eh?*

Le Juge. Une petite personne matineuse, comme vous dites, madame Bustle; ainsi j'aurai mon pâté d'oie pour le dîner, hé?

Landlady. *For dinner, as sure as the clock stri'kes four; but I mustn't stay pra'ting, for it may be spoiling if I'm away! So, I must wish your Worship a good morning.* (She curt'sies).

L'hôtesse. Pour le dîner, bien sûr, aussitôt que l'horloge sonnera quatre heures; mais il ne faut pas que je reste là à bavarder, car il pourrait se gâter, si je ne suis pas là. Aussi, il faut que je souhaite le bonjour à votre Honneur. (*Elle salue*).

Justice. *No cer'emony, no cer'emony, good Mrs Bustle; your servant.*

Le Juge. Pas de cérémonie, pas de cérémonie, bonne madame Bustle; votre serviteur.

N° 1 PAR EXCEPTION, PRIX : 10 CENTIMES AU LIEU DE 50 CENTIMES

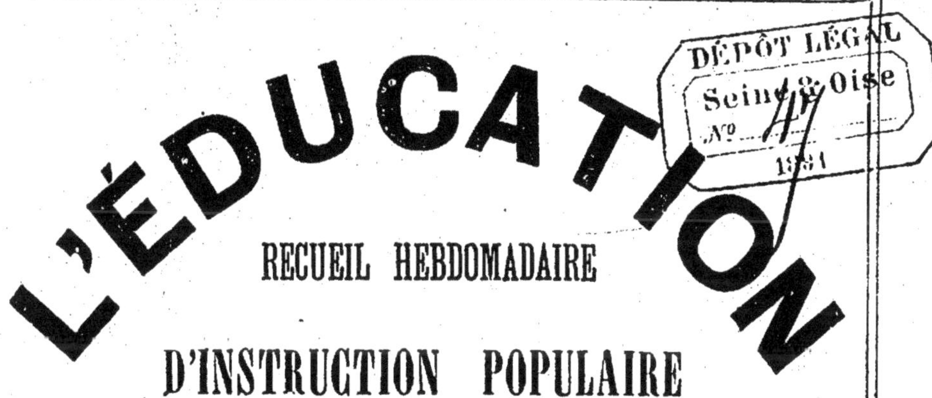

L'ÉDUCATION

RECUEIL HEBDOMADAIRE

D'INSTRUCTION POPULAIRE

A L'USAGE

Des jeunes gens qui se destinent au Commerce
à l'Industrie, à l'Armée ; des adultes : Commerçants
Fabricants, Industriels, Employés
etc., etc.

PREMIERS COURS PUBLIÉS

L'ANGLAIS

Méthode pratique de langue anglaise, permettant d'apprendre à la parler et à l'écrire même sans l'aide du professeur.

PAR

J. FOUGERON

Professeur agrégé au Collège Rollin

L'ALLEMAND

COURS ÉLÉMENTAIRE de LANGUE ALLEMANDE

PAR **Charles FEUILLIÉ**

Professeur agrégé au Lycée Janson de Sailly

LA COMPTABILITÉ

MÉTHODE PRATIQUE & FACILE

PAR **M. CLAPERON**

Professeur à l'École des Hautes Études commerciales
au Collège Chaptal
à l'École J.-B. Say et à l'École coloniale

L'ARITHMÉTIQUE

COURS COMPLET

PAR **Henri BUISSON**

Licencié ès-sciences mathématiques
Professeur agrégé à l'École J.-B. Say

Les Cours sont séparés et peuvent former des volumes indépendants les uns des autres

---

LIBRAIRIE DES PUBLICATIONS MODERNES, 18, Rue Montmartre, PARIS

N° 2. Prix : 50 Centimes.

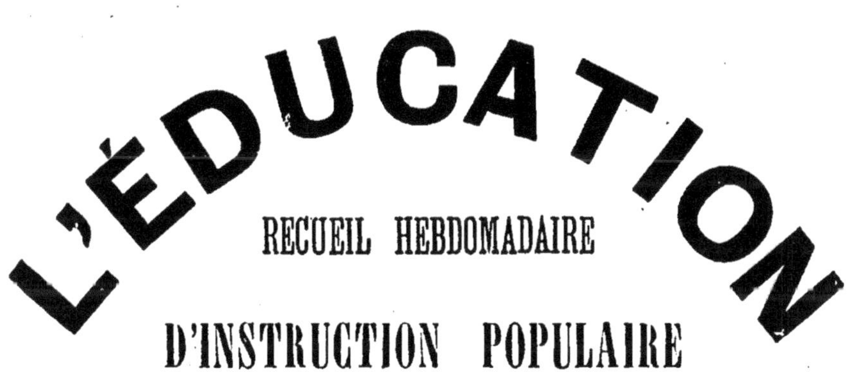

L'ÉDUCATION

RECUEIL HEBDOMADAIRE D'INSTRUCTION POPULAIRE

A L'USAGE

Des jeunes gens qui se destinent au Commerce à l'Industrie, à l'Armée ; des adultes : Commerçants Fabricants, Industriels, Employés etc., etc.

PREMIERS COURS PUBLIÉS

L'ANGLAIS

Méthode pratique de langue anglaise, permettant d'apprendre à la parler et à l'écrire même sans l'aide du professeur.

PAR

J. FOUGERON

Professeur agrégé au Collège Rollin

L'ALLEMAND

COURS ÉLÉMENTAIRE de LANGUE ALLEMANDE

PAR **Charles FEUILLIÉ**

Professeur agrégé au Lycée Janson de Sailly

LA COMPTABILITÉ

MÉTHODE PRATIQUE & FACILE

PAR **M. CLAPERON**

Professeur à l'École des Hautes Études commerciales au Collège Chaptal à l'École J.-B. Say et à l'École coloniale

L'ARITHMÉTIQUE

COURS COMPLET

PAR **Henri BUISSON**

Licencié ès-sciences mathématiques Professeur agrégé à l'École J.-B. Say

Les Cours sont séparés et peuvent former des volumes indépendants les uns des autres

LIBRAIRIE DES PUBLICATIONS MODERNES, 18, Rue Montmartre, PARIS

L'ÉDUCATION

Faire une œuvre utile à tous : jeunes gens qui se destinent au Commerce, à l'Industrie, à l'Armée, etc.; adultes, appelés, soit pour les transactions internationales, à avoir besoin des langues étrangères; soit, pour leurs maisons, à avoir à vérifier leurs livres de comptabilité; tel a été le but de cette publication.

Nous avons commencé par les Cours les plus utiles : *l'***Anglais,** *l'***Allemand,** *la* **Comptabilité** *et l'***Arithmétique.** *Les noms des Professeurs choisis dans l'Université nous évitent l'éloge que l'on pourrait faire de cette publication.*

*Ces Cours terminés seront immédiatement suivis d'autres Cours : à l'Allemand succédera l'***Espagnol,** *à l'Anglais succédera l'***Italien,** *à la Comptabilité succédera la* **Bourse,** *etc., etc.*

LES ÉDITEURS

UN NUMÉRO TOUTES LES SEMAINES

50 CENTIMES

Maisons-Laffitte. — Imprimerie J. Lucotte

www.ingramcontent.com/pod-product-compliance
Ingram Content Group UK Ltd.
Pitfield, Milton Keynes, MK11 3LW, UK
UKHW020950230726
13923UKWH00007B/232

9 782019 719494